Couvertures supérieure et inférieure manquantes

16505
13

Journal d'un Vaincu

OUVRAGES DU MÊME AUTEUR

LE SECRET D'UN EMPIRE :

L'Impératrice Eugénie (7ᵉ édition) . . . . . 1 vol.
La Cour de Napoléon III (9ᵉ édition) . . . . 1 vol.

EN PRÉPARATION :

L'Empereur Napoléon III . . . . 1 vol.
La Société parisienne sous le second Empire 1 vol.

Tous droits de traduction et de reproduction réservés pour tous les pays, y compris la Suède et la Norvège.

LA COMMUNE

Journal d'un Vaincu

Recueilli et publié

PAR

PIERRE DE LANO [1]

PARIS
VICTOR-HAVARD, ÉDITEUR [1]
168, Boulevard Saint-Germain, 168
1892

Tous droits réservés.

[1] Voir, lire et comprendre, à la fin du volume, la lettre manuscrite de Victor-Havard et les quatorze lettres manuscrites de Pierre de Lano. Ce sont des originaux très édifiants. AttGromier, le 10 Janvier 1905.

*Il a été tiré à part vingt exemplaires numérotés
sur papier de Hollande (1 à 20)*

EXEMPLAIRE N° 8

LA COMMUNE

Quelques personnes d'un esprit conciliant se sont demandé, après la publication de mes ouvrages sur le Second Empire, s'il n'y a point quelque inopportunité politique à livrer au lecteur le récit d'événements presque récents dont les témoins ou les acteurs sont encore debout.

J'ai répondu à cette question. Non seulement il ne me paraît y avoir aucune inopportunité à mettre en scène, dans la vérité de l'Histoire, les hommes et les faits qui ont traversé la seconde moitié de ce siècle, mais je réclame comme un droit même, pour l'écrivain, la faculté de les juger, de les absoudre ou de les condamner.

Cette discussion me semble fort puérile, d'ailleurs. L'attitude du public qui ne s'intéresse guère aux choses d'il y a cent ans à peine, mais qui se passionne pour l'époque en laquelle il vit, espère, se lamente, se réjouit ou pleure; — l'attitude du public qui veut apprendre, dis-je, ne me permet pas de me détourner d'une voie que j'ai, avec quelque énergie, tracée et déblayée. C'est pourquoi, avant de reprendre mes études sur le Second Empire, avant d'écrire les dernières lignes de mon livre annoncé : *l'Empereur*, j'offre, aujourd'hui, au lecteur, cette œuvre dramatique et toute retentissante encore des échos de la bataille : *le Journal d'un Vaincu*.

Fidèle à la règle de conduite que je me suis imposée, je reste encore ici, on le voit, le greffier scrupuleux qui enregistre simplement, et sans parti pris, les témoignages de ceux qui ont leurs noms gravés dans nos annales. Ma responsabilité d'écrivain semblerait amoindrie par ce rappel d'une décla-

ration récente. Cependant, nulle équivoque
ne doit entourer cette publication. Elle est,
comme celles qui l'ont précédée, libre, déga-
gée de toute contrainte et si, dans le cas
spécial qui m'amène actuellement à prendre
la parole, l'auteur du *Journal d'un Vaincu*
revendique courageusement la responsabilité
de son récit — devant l'absolue conscience de
ses actes, devant l'exposé de ses doctrines,
je ne demeure pas moins le signataire ayant
la charge directe, la charge indépendante de
toute solidarité, de l'œuvre présente. Je ne
partage pas toutes les opinions de celui qui
m'a confié ce manuscrit; je n'ai point toutes
ses haines, je n'ai point toutes ses affections;
lui-même, en cette heure, et dans l'apaise-
sement des années, aurait sans doute à re-
viser certaines pages de son *Journal*, soit
pour les atténuer, soit pour affirmer avec
plus de force l'indignation ou le cri de douleur qu'elles expriment. Mais je suis avec lui,
quand il souffre, et comme lui j'ai pensé,
avant de remettre ce livre à mon éditeur,
qu'aucune modification ne devait être appor-

tée à la narration qu'il a faite, naguère, la poitrine encore saignante de la fusillade. Corriger les feuillets qui vont suivre, serait non seulement manquer de bravoure littéraire et politique, mais amoindrir l'intérêt d'un récit conçu sans préoccupation littéraire, arraché, comme une chair palpitante d'un corps bien vivant — au ventre même de la vérité.

L'auteur du *Journal d'un Vaincu* est Marc-Amédée Gromier.

Ce nom est tout vibrant encore des luttes que les libéraux soutinrent contre l'Empire, en ses derniers instants ; ceux qui combattirent alors se le rappellent et ceux qui ont grandi, depuis l'année fatale, savent ce qu'il vaut.

Après avoir fait campagne avec les survivants des *Mille*, sous les ordres de Garibaldi, M. Gromier, en 1867, revint en France où il ne cessa de harceler l'Empire dans les divers journaux dont il était le collaborateur et, plus tard, dans les réunions publiques. Quelque temps avant la déclaration de guerre à la Prusse, il était condamné, par la Haute-Cour siégeant à Blois, à cinq ans de prison pour avoir, dans un banquet, lu le *toast à la balle*, de Félix Pyat, auprès de qui il avait travaillé en qualité de secrétaire.

Le Quatre-Septembre le trouva sous les verrous et le délivra. Chef de bataillon des gardes nationaux pendant le siège de Paris, le Dix-Huit Mars voulut en faire un membre de la Commune. Mais il refusa de siéger dans l'Assemblée communaliste et ne voulut accepter, avec Millière, durant la période insurrectionnelle, que les fonctions officieuses d'administrateur du IX° arrondissement.

La biographie de M. Gromier est connue, ayant été publiée maintes fois, et je n'ai pas à la reproduire ici.

Après avoir décliné la candidature à l'Assemblée nationale, après avoir peut-être, en lui-même, déploré la stérilité des enthousiasmes comme des désespoirs politiques, M. Gromier a abandonné son attitude militante d'antan, cette attitude qui lui valut des duels célèbres, de la prison, la ruine, et maintenant, président d'une Association importante et internationale, *l'Union méditerranéenne*, il s'occupe de problèmes sociaux et économiques, il met au service de toute noble cause, de toute humaine manifestation, son ardeur non éteinte, sa voix toujours chaude. Ce soldat, ce politique, cet entraîneur des jours historiques et fameux, est aujourd'hui un apôtre de la paix, comme l'un de ces audacieux pionniers de la civilisation prêts sans cesse à se donner pour une idée, pour un rêve, pour une chimère peut-être — pour le beau, pour le vrai, pour le bien, aussi.

Le *Journal d'un Vaincu* au travers duquel passe comme du sang, mais aussi comme une sorte d'idylle (M. Gromier était tout jeune marié en 1871 et se trouva brutalement séparé de sa femme), est attachant ainsi que le plus attachant des romans, tout en restant un livre d'histoire.

Écrit par un seul, il porte le reflet de la pensée et des souffrances de dix mille. Il nous rend les physionomies, les silhouettes de la plupart des hommes qui marquèrent dans les dernières années de l'Empire; il nous donne surtout la photographie exacte — et non retouchée — de Versailles après la Commune, de Versailles, jadis si calme, si endormi, si débonnaire, alors si bruyant, si fiévreux, si cruel.

Je n'ai pas à discuter, ici, la légitimité ou l'illégalité du mouvement communaliste. Mais pour qui a l'habitude d'analyser les événements, de consulter les documents, d'entendre, surtout, les acteurs des années défuntes, il n'est point aventureux de croire que ce mouvement eût pu aboutir, sinon à un grand acte de pacification, au moins à toute autre conclusion qu'à l'effroyable effusion de sang qui le termina.

M. Thiers eut pu, au Dix-Huit Mars, arrêter, atténuer l'effervescence parisienne. Mais Paris non révolté, c'était pour lui l'abdication presque certaine, la chute, l'indifférence, peut-être l'oubli. M. Thiers aimait le pouvoir; il voulut régner et sur un amoncellement de décombres et de cadavres, il régna.

Avec un peu d'humanité, à défaut de sens

politique, il lui eut été aisé de se concilier les Parisiens. Des arrondissements entiers étaient réfractaires à toute révolution nouvelle et ne demandaient, pour prix de leur neutralité, de leur appui même, que deux choses : la prorogation des échéances commerciales et celle des termes échus de loyer. Or, M. Thiers, à qui ces deux propositions furent soumises par M. Lévy-Bing, fit la sourde oreille, remit *à des jours plus opportuns* la promulgation du décret tant souhaité et s'en fut à Versailles, lorsque son inaction provoqua l'exaltation dans les esprits le plus disposés à la tranquillité. Pourtant, il ne voulut pas que l'Histoire pût lui reprocher de s'être montré rebelle à un acte de conciliation, et une semaine après le Dix-Huit Mars, le décret prorogeant les échéances commerciales et locatives paraissait à l'*Officiel*.

Un témoin de cette heure critique me dépeignait, avec une fougue pittoresque que je regrette de ne pouvoir reproduire, l'aspect de Paris à cette époque, l'état des esprits, la nervosité maladive des cerveaux.

« Les causes qui ont engendré la Commune, me disait-il, sont multiples et curieuses également. Parmi elles, il faut noter le refus de proroger les échéances commerciales et locatives — refus qui exaspéra absolument les populations laborieuses de la cité, et j'entends par populations laborieuses, la classe des employés et celle des commerçants, tout aussi bien que celle des ouvriers.

« Ces braves gens furent d'autant plus surpris et irrités par les réclamations de leurs créanciers, propriétaires ou porteurs d'effets, que, pendant le siège, ils s'étaient habitués, sur la foi d'un enthousiasme et d'un patriotisme quelque peu tapageurs et contagieux, et dans la fréquentation fraternelle, à l'exercice, aux remparts, dans les rangs de la garde nationale, de leurs dits créanciers, à ne plus trop voir en eux les réfractaires à toute pitié, à tout sentiment, qui se montraient alors, soudainement, et avec rage presque, devant eux.

« Pendant le siège, en effet, riches et pauvres, petits et grands, s'en allaient aux bastions, à l'abri du même drapeau, obéissaient au même commandement, chantaient la même chanson, mangeaient à la même gamelle, vivaient du même espoir ou mouraient de la même mort.

« Il était résulté, de cette communauté d'existence, comme une sorte de quiétude, d'oubli et de sympathie que l'on pouvait croire durables.

« Mais Paris délivré des Allemands qui l'entouraient, tout avait changé. L'ami de la veille, le camarade que l'on avait tenu, bras dessus, bras dessous, avec qui l'on avait bu à la cantine, avec qui l'on s'était réchauffé au feu d'un même bivouac, était devenu l'indifférent du lendemain ; le créancier débonnaire, alors que les obus rayaient l'air de la cité, était devenu le demandeur implacable, l'homme des poursuites sans merci et de la note à payer.

« Une menace terrible, tout d'un coup, avait rompu la paix des foyers parisiens : les protêts, la saisie, la faillite se dressaient, comme autant de spectres sortis d'un cauchemar, devant les commerçants, devant les employés, et ce fut, alors, dans le silence des rues, comme une rumeur de détresse qui passa.

Le pavé se couvrit d'hommes effarés et gesticulants. On se rassembla: on s'en alla de porte en porte, échangeant la mauvaise nouvelle; on courut chez les autorités, on rédigea des pétitions et quand on eut épuisé tous les moyens de conciliation, quand on eut constaté la stérilité de tous les appels à la pitié, on se révolta.

« Quelques jours après le Dix-Huit Mars, la manifestation des *Amis de l'ordre*, dirigée par M. Henry de Pène, tenta de rallier autour d'elle les habitants des quartiers conservateurs de Paris. On l'accueillit par des huées, par des railleries et par des propos hostiles.

« — Vous nous demandez, fut-il répondu aux messagers de M. de Pène, de vous aider à soutenir, contre les émeutiers, ceux qui nous ruinent, ceux qui nous font souffrir, ceux qui nous jettent à la rue. Nous ne sommes pas avec vous. Il y aurait naïveté de notre part à nous faire tuer pour sauver des hommes qui nous traitent en ennemis. Qu'ils se défendent, s'ils ont du courage, et qu'ils défendent leurs fortunes, s'ils sont riches. Quant à nous, nous n'avons plus rien puisqu'ils nous ont tout pris, plus rien que notre vie que nous gardons et dont ils ne peuvent nous priver.

« Et ce fut alors, partout, la théorie du « laisser faire ». — D'aucuns ne s'en contentèrent pas, s'armèrent et passèrent de la théorie à l'action.

« Lorsque le décret prorogeant les échéances commerciales et locatives parut, il était trop tard pour que les esprits surexcités l'accueillissent avec faveur, et ces mêmes esprits applaudirent aux premiers actes de la Commune, dans un sentiment de révolte non apaisée et de représailles justifiées. »

Tel était le langage d'un homme qui vit bien des choses, dans Paris, au lendemain de la guerre franco-allemande.

Ce fut là, en effet, un des mille incidents qui caractérisèrent le mouvement communaliste, qui déterminèrent son accentuation dans le sens d'une lutte épouvantable et sans merci. La responsabilité en est toute à celui qui, pouvant le surveiller, sinon le prendre à son actif, pour l'escamoter habilement, l'exaspéra systématiquement, dans la satisfaction d'un criminel égoïsme.

Vingt-et-une années sont tombées dans l'infini des choses depuis que ces faits ont eu leurs apothéoses ou leur pilori, depuis que les hommes qui les ont édifiés ont vieilli, sont morts, se sont repentis, s'en sont allés vers des religions nouvelles, ou bien, inébranlables dans leur foi, ont roulé de souffrances en souffrances, comme roulent ces cailloux semés sur les grand'routes que le pied de chaque cheval qui passe, heurte et renvoie plus loin, toujours plus loin, jusqu'à ce qu'un fossé se présente à eux pour y disparaître et y reposer à jamais.

Vingt-et-une années sont tombées depuis que la Commune expira dans le feu et dans le sang — dans le feu que projeta aux quatre coins de Paris son haleine d'agonisante terrible et folle ; dans le sang de ses trente mille soldats hachés par la mitraille de l'armée de Versailles. L'anathème a suivi la Commune dans sa tombe et, durant un long temps, le public ému encore par le bruit de la tourmente, n'ayant que cet anathème à entendre, l'a maudite ainsi que les hommes qui la dirigèrent. Cependant, une brise tiède a passé sur la France. Elle a emporté le sinistre écho des voix implacables, comme le vent de mer balaie les germes d'une épidémie, et d'autres voix sont venues, se sont élevées, qui ont osé dire que la Commune ne fut peut-être pas la chose abominable qu'on avait proclamée, que la plupart des hommes qui la représentèrent ne furent pas les incapables, les malhonnêtes et les sanguinaires qu'on avait dépeints.

La Commune a tué, la Commune a brûlé. Mais Versailles n'a-t-il point tué, Versailles n'a-t-il point brûlé autant qu'elle, plus qu'elle, et s'il fallait, pour tous deux, établir les comptes dans l'initiative de l'atrocité, Versailles serait-il équitablement absous ?

Je ne veux point répondre à cette interrogation, mon but n'étant pas de faire de ces quelques pages que je mets en tête du *Journal d'un vaincu*, une œuvre politique, une œuvre de haine, de passion, par conséquent.

Mais lorsque j'exhume mes souvenirs personnels (j'habitais Versailles en 1871), et lorsque je les place en regard de ceux que je publie, je ne puis me défendre d'un sentiment d'inénarrable tristesse en songeant à la joie barbare des vainqueurs; d'une impression de violent effarement en songeant au long et suprême bêlement des troupeaux parisiens conduits au travers de la ville victorieuse, vers des abattoirs ignorés.

Ce n'est point là une déclaration de partisan, la phrase d'un humanitaire, l'émotion factice d'un don Quichotte amateur, c'est le cri d'un homme qui, tout jeune, fut troublé par le calvaire de malheureux qui, eux aussi, étaient des hommes, qui étaient des compatriotes et qu'une plus juste application des lois, dans la répression même, eût dû protéger. Mais on oublia qu'ils étaient et des compatriotes et des hommes.

Versailles, pendant et après la Commune, eut une physionomie bien particulière, bien curieuse : dans le tourbillon incessant des soldats et des bourgeois qui se mêlaient, cette cité avait l'aspect d'une forteresse et d'une ville d'eaux tout ensemble.

Les militaires y étaient les maîtres ; mais les femmes, avec leurs toilettes, y semaient comme une note de gaîté, d'indépendance et d'insouciance que le canon, crachant à toute volée sur Paris semblait seul, à certaines heures, assombrir. Les règnes de Louis XIV et de Louis XV mirent la femme à la mode, à Versailles. La Commune, sans le vouloir, et par un bizarre retour des choses, rendit à la femme, dans Versailles, sa royauté.

Comme si on eût vécu en des jours sereins, ce n'étaient que réunions, que réceptions, que dîners et soirées de tous côtés. En chaque maison, presque, chantaient des

musiques et, quand la nuit était belle, on
s'en allait en com   gnie galante, sur les hauteurs de Clagny, voir, dans le Ciel, passer,
comme des étoiles filantes, les bombes et les
obus qui couraient vers Paris dans un écrasement de flammes. On s'en revenait, un
peu comme le conte Rabelais, « dodelinant
de la tête... », avec des poussées de printemps tout plein soi, tandis que là-bas, dans
la plaine et dans la grand'ville, on mourait.

Le jour apportait d'autres distractions,
d'autres spectacles; c'étaient, ainsi que le dit
M. Gromier, de longs convois de prisonniers
traversant la ville et l'on marchait au-devant
de ces convois. On faisait la haie, sur le passage lamentable des loqueteuses théories
d'hommes, de femmes et d'enfants; on criait,
on injuriait, on frappait, on tuait même,
sans pitié. J'ai vu, de mes yeux vu, pour
employer le cliché traditionnel, une très élégante jeune fille s'acharner sur une pauvre
vieille — une pétroleuse — affaissée, et maculer de boue son douloureux visage de moribonde — de morte vivante. On ramassa la

vieille, on l'attacha à la selle d'un cavalier et la foule battit des mains. Je n'ai point demandé à qui s'adressaient ces applaudissements : à ceux qui traînaient ce débris humain, ou à celle qui venait de le souiller.

Chaque rue était gardée et chaque angle formant carrefour avait son factionnaire. Il n'était point, alors, aisé de circuler dans Versailles. La voix peu aimable des sentinelles, sitôt la nuit venue, vous arrêtait et, pour continuer sa route, il était nécessaire de décliner son nom, son adresse, de dire où l'on se rendait.

L'un de mes amis, M. C. de B..., fils d'un haut fonctionnaire de la Compagnie des chemins de fer de l'Ouest, ayant été appréhendé aux portes de la ville, et ayant fourni sur sa promenade des explications qui ne parurent pas suffisantes, fut conduit par les rues, au milieu d'un peloton de chasseurs, et comme il était bien mis, la foule le prit pour un chef communaliste, exigeant qu'il enlevât son vêtement ainsi que son chapeau. On le jeta, malgré ses protestations, malgré son identité criée à tous les vents, dans les caves des Petites-Ecuries, et ce ne fut que quatre jours après cette aventure qu'il recouvra la liberté, sur la demande formelle de M. Kern, ministre de Suisse en France et ami personnel de son père.

D'intervalle en intervalle un bruit, une sorte de crépitement, comme le roulement de billes lancées sur une lame de verre, montait dans l'air, du côté de Satory. On savait, à Versailles, ce que ce bruit signifiait : on tuait, là-haut, des « communards », et c'était autant de besogne épargnée aux conseils de guerre qui siégeaient en permanence.

La société élégante réunie à Versailles s'aventurait volontiers vers Satory, pour assister aux exécutions sommaires.

L'autorité militaire offrait aux « belles madames » des cartes d'entrée et de faveur pour visiter l'arsenal (les Docks) où étaient parqués les prisonniers et on avait grand'chance, en cet enclos, de rencontrer quelques malheureux dirigés vers une douzaine de fusils vengeurs toujours prêts.

La foule qui se pressait dans la cité du Roi-Soleil se partageait, d'ailleurs, entre le spectacle des convois de prisonniers, celui des fusillades à Satory et celui, non moins suggestif, de l'Orangerie où l'on avait entassé, pêle-mêle, le trop-plein des Petites-Ecuries, de l'arsenal, des prisons et des entrepôts de la gare des Chantiers.

Du haut de la terrasse du château, on pouvait contempler les infortunés, détenus sous les voûtes de l'Orangerie ou allant et venant, dans l'accomplissement de corvées, les fers aux pieds, au travers du jardin attenant aux bâtiments.

On hurlait, on vociférait, protégé par ce balcon improvisé, tout proche des trois marches de marbre rose chantées par Musset, et il arrivait, parfois, qu'on faisait pleuvoir sur les prisonniers des cailloux, des morceaux d'ardoise, des débris de plâtre ou des branches d'arbre.

La population versaillaise sortait de sa légendaire léthargie et s'en revenait vers les temps où, tapageuse, exubérante et parfumée, elle faisait les beaux jours de la cour et de la ville.

La répression dirigée contre la Commune fut effroyable, et M. Gromier, dans son journal, a raison de la flétrir. Cependant, sous tant de barbarie, l'humanité ne perdait pas tout à fait ses droits et des exemples heureux seraient à noter pour l'honneur des hommes qui eurent, à cette époque, une part quelconque dans les affaires publiques.

Parmi ces exemples il en est deux que j'ai recueillis.

Le premier eut pour théâtre le palais de l'Elysée au moment même où les troupes de Versailles venaient de reprendre ce monument aux fédérés.

Comme on conduisait, dans le jardin, un groupe de malheureux saisis les armes à la main et destinés à la mort immédiate, un gamin d'une quinzaine d'années se détacha de ses compagnons et, fuyant au travers des soldats, s'en vint se planter devant un colonel chargé des exécutions.

Le gamin, ayant fait le salut militaire, adressa alors la parole à l'officier :

— M'sieu, vous allez me fusiller, n'est-ce pas ?

— Certainement, mon bonhomme. Pincés les armes à la main, tous y passeront, c'est l'ordre.

— Eh bien, voilà : j'habite la rue Miromesnil où maman est concierge. Puisque je vais être fusillé, je ne rentrerai pas à la maison ; maman m'attendra et sera inquiète. Voulez-vous me permettre, m'sieu, d'aller jusque chez nous ? Je dirai à maman que j'ai une course à faire, qu'il n'y a pas de danger pour moi ; comme cela, elle m'attendra bien, mais elle se tourmentera moins. Et puis j'ai une montre ; je voudrais bien la donner à maman avant de mourir. Voulez-vous, dites, m'sieu, que j'aille jusque chez nous ; je vous promets de revenir.

Le colonel, entouré de quelques officiers et du gouverneur du palais, M. de Belavalle, qui était resté à Paris pendant la Commune, demeurait stupéfait du langage de cet enfant.

Il avait assez de sang, peut-être, il lui répugnait sans doute de faire tuer ce gamin de quinze ans; il sourit et demanda au petit homme :

— Et si je te permets d'aller jusque chez toi, tu reviendras, bien sûr?

Le gamin se redressa :

— Parole d'honneur, m'sieu.

— Eh bien, va.

Puis se tournant vers ses officiers, le soldat murmura :

— Il a de l'esprit, ce voyou. — Ça le sauve.

Une demi-heure s'écoula et nul ne songeait plus à l'enfant, lorsque devant le colonel, soudain, il reparut.

— Voilà, m'sieu, fit-il. J'ai dit la chose à maman. Je l'ai embrassée. Maintenant, je suis prêt.

Ce fut, alors, comme une détente chez le soldat.

Il saisit l'enfant par les oreilles (il eut voulu l'embrasser, peut-être), le mena vers la porte, et lui appliquant le pied dans le bas des reins, il le jeta dehors.

— Sacré bougre ! s'écria-t-il, veux-tu bien f... le camp et retourner chez ta mère !

Puis, s'adressant de nouveau à ceux qui étaient auprès de lui et désignant les fédérés vaincus :

— Ils ont donc des héros, ces gueux-là ?

Le second exemple d'humanité, de pitié, eut lieu à Versailles, devant le 3ᵉ Conseil de guerre siégeant alors au Palais de justice et présidé par le colonel D..., des cuirassiers. J'étais à l'audience lorsqu'il se produisit.

On venait de faire asseoir sur le banc des accusés un homme jeune, distingué et vêtu convenablement.

Le colonel ayant parcouru rapidement son dossier, lui adressa les questions habituelles, après quoi, brusquement, il l'interrogea plus intimement :

— Vous êtes veuf, et vous avez deux enfants ?

— Oui, mon colonel.

— Deux filles, n'est-ce pas ?

— Oui, mon colonel.

— Et pendant que vous êtes ici, où sont vos enfants?

— Un ami s'en était chargé jusqu'à ce jour. Il vient de mourir. Mes enfants sont à l'audience. .

— A l'audience?

— Oui, mon colonel.

— Voulez-vous les voir?

— Oui.

— Gardes, faites avancer les deux enfants.

On vit alors deux fillettes, l'une de seize ans environ, l'autre de quatorze ans, adorablement jolies, sortir timidement de la foule et s'arrêter à la barre des témoins, escortées par un factionnaire.

Le colonel leur sourit et leur dit :

— Nous avons à causer avec votre papa, mes enfants. Vous allez l'attendre dans une pièce voisine de celle-ci. Mais avant, vous seriez bien contentes de l'embrasser, n'est-ce pas?

L'aînée répondit :

— Oui, monsieur.

— Eh bien, embrassez-le.

Une émotion violente s'emparait du public qui emplissait la salle et une sympathie allait de ce père qui pleurait sous la caresse de ses fillettes, au président assez humain pour permettre cet épanchement familial, peu en usage avec le cérémonial ordinaire de la justice.

Lorsque les pauvrettes eurent enlacé leur père, le colonel reprit :

— Maintenant, comme je vous l'ai dit, pendant que votre papa et moi nous allons causer, vous allez vous retirer dans une pièce voisine de celle-ci. Gardes, conduisez ces enfants dans la chambre des témoins et ne les quittez pas.

Ce que fut ce procès, on peut le penser. Le prévenu était accusé de simples délits de presse, mais risquait cependant la déportation. Le colonel D… dirigea l'interrogatoire de telle façon qu'on crut à l'acquittement. Une condamnation à un mois de prison fut pourtant prononcée.

L'auditoire était attentif, anxieux.

Lorsque le président eut fait connaître le jugement du Conseil au malheureux père, il parut réfléchir puis, de nouveau, reprit ses questions :

— Tout cela est très bien ; mais vos enfants, que vont-elles devenir tandis que vous serez en prison ?

— Je l'ignore, mon colonel.

— Comment, vous l'ignorez ?

— Oui. N'ayant ni parents ni amis, je ne sais à qui confier mes enfants.

Le colonel D... laissa bruyamment tomber son poing sur la table.

— Ça ne peut pas se passer comme ça ! s'écria-t-il. Ces enfants ne peuvent être à la rue.

— Elles y seront, pourtant, mon colonel.

Le colonel se tourna vers les gardes.

— Ramenez-moi les enfants, grogna-t-il.

Puis quand les fillettes furent derechef devant lui :

— Mes mignonnes, dit-il, votre papa va

faire un petit voyage. Il sera absent durant un mois. Mais, en l'attendant, il faut que vous sachiez où trouver l'hospitalité. Voyons, il paraît que vous ne connaissez personne. Eh bien, moi, est-ce que je vous fais peur? Voulez-vous venir avec moi?

Ce fut l'aînée qui répondit encore :

— Oui, monsieur.

— C'est dit, alors. Embrassez encore votre papa et allons-nous-en. Messieurs, l'audience est levée.

Je n'ai pas besoin d'ajouter que les larmes furent nombreuses, ce jour-là, au 3° Conseil de guerre et que le colonel D..., dont la rude moustache était humide, fut félicité.

Il mit les deux fillettes au couvent. Et c'est une consolation de penser que, si elles sont devenues d'honnêtes femmes, elles le doivent, filles de vaincu, à un vieux grognard victorieux dont le militarisme, alors peu transigeant, n'avait point desséché le cœur.

Il m'est doux, certes, de m'attarder dans ces quelques souvenirs d'héroïsme, de suprême bonté, d'oublier en eux la lutte affreuse, la victoire implacable, les châtiments immérités.

Il me faut, cependant, revenir au *Journal d'un vaincu* et songer que si l'attendrissement a pu atténuer, en certaines âmes, le désir de la vengeance, cette vengeance s'est faite large, immensément triste, et a passé dans les rangs des vaincus, comme la faux au travers d'un champ de blé.

Je ne voudrais pas qu'on se méprit sur le sens de cette actuelle publication. Ce n'est point une œuvre de passion que Gromier et moi jetons dans l'apaisement heureux et probable du temps. C'est un document historique que nous livrons aux observateurs de notre modernité, aux hommes qui, plus tard, glaneront dans les bibliothèques des notes intéressantes et vraies, pour l'édification du monument philosophique et littéraire qui fixera la physionomie de ce siècle. Puissent ces hommes, ces écrivains, juger notre époque avec plus d'impartialité que nous ne lui en accordons nous-mêmes, en dépit des efforts constants qui nous guident. Puissent ces hommes, ces écrivains, consacrer un hommage à ceux qui, blessés dans leur intime pensée, outragés dans leur conscience, ont pu maudire et ont été généreux, à ceux qui ayant souffert, ayant versé du sang pour leur cause, ont pu haïr et ont laissé tomber de leurs mains grandes ouvertes — ces deux choses sublimes, ces deux morceaux d'étoile, ces deux lumières descendues, un soir, des hauteurs du Golgotha, enveloppantes et jamais éteintes — le pardon, la bonté.

Pierre de Lano.

Paris, Avril 1892.

JOURNAL D'UN VAINCU

I

LA SEMAINE SANGLANTE

21 Mai.

... Ma femme était de plus en plus triste; je partageais ses inquiétudes, convaincu de l'imminence de la catastrophe finale, sans cependant la supposer aussi proche qu'elle l'était. — Nous essayions de nous distraire de notre mieux.

Ce jour-là, je suis allé, le matin, avec Portarlier, visiter les avant-postes du côté de Passy, où j'ai été effrayé de la tenue suspecte de trois bataillons du IX⁰ arrondissement, casernés avec le 228ᵉ dans une immense maison appartenant à Mᵐᵉ Cail.

Puis, l'après-midi, ma femme et moi, nous nous sommes rendus au Concert patriotique du Jardin des Tuileries. Delaporte y présidait une sorte de festival orphéonique. Humbert et plusieurs jeunes républicains étaient là, donnant le bras aux dames et folâtrant sous les tilleuls, tandis que pleuvaient les bombes versaillaises sur la place de la Concorde et jusque dans le bassin du grand jet d'eau, à cent pas de l'estrade des chanteurs et des musiciens, par conséquent au milieu de la foule.

De plus en plus soucieux, nous sommes retournés au logis de Brunereau[1], mais inutilement, il n'était pas rentré. Le soir, nous avons assisté à la représentation du Gymnase et applaudi Ravel. Pendant un entr'acte, on m'a annoncé, sous la marquise du théâtre, que les Versaillais étaient dans Paris depuis déjà quelques heures.

---

1. M. Brunereau, beau-père de M. Gromier, était chef de bataillon de la garde nationale et l'un des membres influents du mouvement communaliste. — P. de L.

22 Mai.

Au lever, je cours rue des Martyrs. Toujours personne. En revanche, les troupes de l'Ordre monarchique font rage dans tout le quartier de la Madeleine. Je ferme la maison, le magasin, etc. J'emporte quelques objets précieux. A cet instant Brunereau arrive, mais je ne puis que l'embrasser; il repart immédiatement. Je retourne rue Lafayette et rassure un peu ma femme.

Onze heures. — Les coups de canon s'entendent d'une manière formidable. La famille W..., de la rue Pasquier, nous vient demander asile; leur quartier est à feu et à sang.

Trois heures. — Je sors avec W... et le membre de la Commune Dupont, pour aller aux nouvelles et, en même temps, pour faire des provisions chez Potin. Ce que j'apprends est inénarrable. Je fais une course à Montmartre, avec Dupont et J.-B. Clément. Les Versaillais battent en brèche la barricade de la rue de Clichy. Derrière Montmartre, pas un chien pour aboyer, si l'ennemi tente de tourner la butte. Je reviens au logis, persuadé de la défaite de la Commune.

Six heures. — On se bat vers l'église de la Trinité et dans les Batignolles.

Dix heures. — On se bat autour de l'Opéra, du collège Rollin, au milieu de Montmartre. Boulets, bombes, obus, arrivent jusque devant ma porte. Nuit épouvantable.

23 Mai.

Au lever, encore, je veux retourner rue des Martyrs; ma femme m'en empêche. On se bat partout dans Paris en deçà du boulevard Saint-Michel, du boulevard de Sébastopol et du boulevard de Strasbourg, ainsi que du côté de Versailles. Du haut du toit, nous voyons tout et dominons cet horrible et superbe tableau. Le combat se livre à deux pas, au carrefour Drouot, au bas de la rue Lafayette.

Montmartre est occupé par les troupes régulières. Le Mont-Valérien, l'Arc de Triomphe, **Châtillon** tirent sur **Paris**. **Malakoff** tire sur **Paris**. **Paris** brûle.

Dans ma maison, personne n'est absent, Brunereau excepté ; au contraire, presque chaque locataire a plusieurs hôtes. W... étant chez moi, nous avons arboré le drapeau américain ; il flotte sur mon balcon.

Neuf heures du soir. — La lutte est furieuse. Nous apercevons des incendies immenses sur divers points. Les obus éclatent dans notre cour intérieure.

24 Mai.

Nuit, matinée et journée horribles, indescriptibles. Pas de nouvelles de Brunereau. On se bat, on s'est battu sous nos fenêtres avec un acharnement affreux. La rue est jonchée de morts et d'épaves de toute sorte. Nos carreaux sont brisés. Un boulet a écorné mon balcon. Une bombe a pénétré dans le rez-de-chaussée et a défoncé une devanture.

Trois heures. — La troupe versaillaise occupe mon quartier. Un officier vient chercher

Brunereau ; il se retire après avoir constaté son absence. G..., M..., L... viennent nous voir et nous renseignent. En quels temps vivons-nous ?

Malakoff tire sur les faubourgs de la Villette, de Belleville et de Ménilmontant. Les Buttes-Chaumont et le Père-Lachaise tirent sur Paris.

L'Hôtel de Ville brûle !

La nuit est épouvantablement belle.

25 Mai.

Les incendies et le carnage se poursuivent. Pas de nouvelles de Brunereau. Je pars à sa recherche et je visite tout le Paris occupé par l'ennemi, m'informant chez MM. de Beauvais, Dallas, Wolff, Merlot et auprès de MM. Moreau et Lucien Dubois que je rencontre. Nul ne m'inquiète, nul ne m'arrête ; mais ce que j'ai vu ce jour-là, je ne l'oublierai de ma vie. Les Finances, la Préfecture de police, le Palais de Justice, le Théâtre-Lyrique, l'Hôtel-de-Ville, la rue Royale, etc., sont toujours en flammes et le sang ruisselle partout. J'achète des journaux et regagne la rue Lafayette.

La famille W... retourne rue Pasquier et nous offre à son tour l'hospitalité. Nous refusons. Qu'avons-nous à craindre?

Neuf heures. — Les docks de la Villette brûlent; les magasins du quai de l'Arsenal brûlent. Belleville tire toujours sur mon quartier.

Le docteur Gaillardet m'apprend, à l'insu de ma femme, que Brunereau a été fusillé, devant sa porte, par les ordres du colonel Charpentier.

26 Mai.

Quelle nuit! Tout le sud de Paris est en feu.

On arrête mon concierge, officier de la garde nationale *sédentaire*, bien que nous déclarions tous qu'il n'a pas quitté la maison pendant le combat. On fouille la maison pour y saisir des armes. Rien n'est trouvé chez moi.

Ma femme se désespère; elle est inquiète pour Brunereau et, moi, j'ai la rage au cœur.

Les journaux reparaissent dans mon quartier; je ne puis en interdire la lecture à ma femme et je tremble qu'elle ne découvre trop tôt la nouvelle affreuse à laquelle je cherche à la préparer.

Ces journaux sont ignobles. Ils ne prêchent que représailles, vengeances, assassinats. Pauvre Paris!

On fusille toujours, et partout, sommairement, sans la moindre forme de procès, sur la simple dénonciation d'un étranger, sur le plus petit soupçon, *par passe-temps même!* Et femmes, enfants, rien n'est épargné.

Neuf heures du soir. — Le feu se calme.

27 Mai.

C'est fini dans Paris. A Belleville, au faubourg du Temple et au Père-Lachaise s'achève le massacre.

Les vengeances et les représailles se poursuivent. Je vois passer les bandes d'assassins, ruisselantes de boue et de sang mêlés.

Les journaux sont infâmes. Ils se résument tous en ce cri exécrable : *Væ victis!*

Paris, à présent, est un coupe-gorge. On s'assassine mutuellement. On se dénonce à l'envi. Chaque dénonciation est un arrêt de mort.

Je veux aller aux nouvelles, mais ma femme s'y oppose.

Des amis accourent m'apprendre, toujours à l'oreille heureusement, que Brunereau a été fusillé à tant d'endroits différents qu'il pourrait bien vivre encore. Je respire. J'espère d'autant mieux que, si Brunereau se souvient de toutes mes instructions, il peut trouver cent refuges où qu'il soit, s'il n'est pas mort.

Mon cousin, Albert Lachize, nous vient visiter; il nous annonce que le magasin, l'appartement et la cave de notre maison de la rue des Martyrs ont été pillés, saccagés par les soldats de Versailles, aidés par les filles de joie du quartier. Rien n'est demeuré intact, tout est perdu : marchandises, meubles, etc. La maison n'est plus que ruines et décombres devant lesquels les curieux affluent. Albert croit à la mort de Brunereau. Ma femme commence à s'en douter.

28 Mai.

Ce matin, notre brave *Babette* pleurait en montant les journaux. Ma femme voulut les lire quand même. Le *Petit Journal*, le *Paris-Journal* et la *Constitution* annonçaient, uniformément, que Brunereau avait été fusillé le mercredi 24 mai.

Cinq heures du soir. — On m'arrête.

Je suis jeté dans les caves de la caserne de la Nouvelle-France, au haut de la rue du faubourg Poissonnière.

Hélas, pauvre femme!

II

A LA CASERNE DE LA NOUVELLE FRANCE

28 Mai.

De mon logis, 144, rue Lafayette, à la caserne de la Nouvelle-France, le chemin est court. Sur ce parcours, environ deux mille mégères et agents de police me firent la haie. Des cris forcenés me saluaient au passage. On me jeta des pierres. Une... chienne, habillée en fille publique, essaya de me frapper du bout de son ombrelle. Les fantassins qui m'escortaient avaient honte des infamies de cette tourbe ignoble de gens pétris de sang corrompu et de boue. Quelques personnes du quartier me saluèrent; on sauta sur elles et on les accabla de coups.

Un capitaine de gendarmerie, assisté d'un capitaine de la garde nationale *brassardière*, ressemblant beaucoup à un nommé Habeneck, me reçut à la caserne et me demanda :

— Comment vous appelez-vous ?

— Marc-Amédée Gromier, de Bourg-en-Bresse (Ain).

— N'avez-vous pas été le secrétaire de Félix Pyat ?

— Oui, durant l'hiver de 1869 à 1870.

— C'est bon. A surveiller. A un autre.

Et, sans autre forme de procès, on me poussa dans les caves de la caserne en ayant la délicate attention d'écraser mon chapeau sur ma tête avec une crosse de fusil. Je roulai au bas des marches d'un escalier fangeux et fus recueilli par mes compagnons d'infortune réunis, femmes, vieillards, filles, enfants et hommes, au nombre de 492, dans les fossés boueux que l'on appelle les caves de la caserne. Les uns étaient morts, les autres se mouraient; celui-ci n'avait qu'un bras, celle-là n'avait pas de jambes; là-bas, une jeune fille consolait un groupe de petits garçons très proprement vêtus; ici, un vieillard pérorait; ailleurs, dix ou douze gardes nationaux, sans blessures, mais éreintés, attendaient stoïquement leur exécution. Au dehors, dans les cours, on entendait par intervalle des détonations significatives. Telle est la photographie du tableau que j'aperçus lorsque je repris mes sens. Il était six heures douze minutes du soir.

Jusqu'à minuit, il nous arriva des nouveaux venus, si bien qu'alors nous fûmes obligés de nous tenir tous debout, faute d'espace Même pour satisfaire aux besoins les plus intimes, nous ne pouvions remuer. Bientôt, l'infection fut horrible, insupportable. A minuit, les gardes nationaux et quatre femmes furent mandés au haut de l'escalier; ils y arrivèrent après des difficultés inouïes, sortirent et furent aussitôt fusillés. Cela augmenta un peu la place; pourtant, onze blessés moururent de minuit à une heure, et leurs cadavres, joints à ceux déjà amoncelés dans la dernière chambrée, empoisonnaient l'atmosphère. Nous voulûmes avoir un peu d'eau; celui qui la demanda, à la première sentinelle, reçut un coup de baïonnette dans le ventre.

A quatre heures, on m'appela. — J'appréhendai la mort à mon tour et dis adieu à cinq ou six citoyens de ma connaissance qui m'avoisinaient, notamment à un chapelier de la rue de Châteaudun, M. Brequin, qui avait été pris pour mon beau-père. Mais, dans la cour, on me fit simplement assister au supplice d'un jeune homme de quinze ans, attaché par les bras et les jambes à une fenêtre grillée. On me pria de bien examiner ce patient pour le nommer si je le connaissais? Je n'eus pas le temps de répondre. Le jeune homme s'écria :

— Non, il ne me connait pas. Je vous dis que je suis du quartier Clignancourt.

On le larda de coups de baïonnette et je fus à nouveau repoussé dans les caves, sans avoir rien compris à cet incident.

A cinq heures, on nous ordonna de remonter. Deux cent soixante-quatre sortirent ; tout le reste était ou mort ou incapable de se mouvoir.

III

DE PARIS A VERSAILLES

29 Mai.

Dans la cour d'entrée de la caserne de la Nouvelle-France se trouvaient plusieurs escadrons de chasseurs et de dragons à cheval, ainsi que plusieurs compagnies de soldats de la ligne ; le tout flanqué de gardes municipaux et de sergents de ville, tous le revolver au poing. On nous mit au milieu de cette armée ; les portes furent ouvertes et le calvaire commença.

Nous traversâmes la rue Montholon, la rue Lafayette, le boulevard Haussmann, et entrâmes dans le parc Monceaux, où nous fîmes halte. Durant ce trajet, Paris me sembla ville morte. Plus de foule comme la veille, pas de cris, à peine quelques passants; il est vrai que l'heure était matinale. Toutefois, près de la rue Pasquier, j'aperçus M. le docteur Gaillardet, ex-chirurgien de mon bataillon. Lui aussi avait un *brassard!*

Nous avions grand'faim, n'ayant pas mangé depuis la veille; notre soif était intense; surtout, nous étions désespérés de n'avoir pu faire un bout de toilette de simple propreté. Nous pensâmes donc un instant que notre halte dans le parc Monceaux allait nous permettre ce réconfort. Quelle erreur! Il entrait dans les infâmes intentions de nos maîtres de nous promener, de Paris à Versailles, comme des chiens enragés, tenus en laisse après carnage. Nous avions faim et soif; nous étions maculés de sang, d'excréments; nos habits étaient en lambeaux. Tant mieux! Ce n'était même pas suffisant.

Après avoir fusillé sept d'entre nous qui s'étaient rendus coupables de quelque plainte, on nous enleva nos coiffures, on fit ôter leurs bottes à ceux qui se trouvaient en avoir, on arracha à la plupart tout ce qui, de près ou de loin, ressemblait à un uniforme, on ordonna aux femmes de dénouer leurs cheveux pour qu'ils tombassent sur leurs épaules, et c'est dans cet état que, vers la dixième heure du matin, sous un soleil équatorial, nu-tête, plusieurs nu-pieds, tous affamés, tous haletants, tous déjà demi-morts de fatigue, d'indignation, de rage, c'est dans cet état qu'on nous fit prendre le chemin de Versailles, en passant par la petite ville de Boulogne.

Avant d'arriver au pont de Saint-Cloud, une femme tomba. Elle fut fusillée sur place.

Sur le pont, cinq hommes se jetèrent à l'eau.

Dans Saint-Cloud, le long de la montée du château, trois vieillards s'assirent sur la route et déclarèrent ne pouvoir aller plus loin. On les poussa derrière nous à coups de crosse de fusil, jusque dans la grande allée du parc que traverse le chemin, et ils furent fusillés.

Il y avait une ambulance dans le parc; son directeur obtint la permission de faire distribuer du pain et de l'eau à notre troupe lamentable. J'ignore le nom de ce digne homme. Il nous sauva la vie. Nous agonisions littéralement.

A deux heures, nous traversâmes Ville-d'Avray ; les habitants nous témoignèrent trop de sympathie ; une vieille femme fut entraînée du seuil de sa porte jusque parmi notre bande et nos gardiens voulaient la conduire plus loin pour lui faire un mauvais parti. Heureusement, un capitaine de la ligne intervint et la malheureuse en fut quitte pour un coup de baïonnette dans le bras. Cette femme avait au moins soixante-dix ans.

De Ville-d'Avray à Versailles, à l'endroit où la route est traversée par un aqueduc, près d'un camp (Villeneuve-l'Etang, je crois), nous fîmes encore halte et une femme et cinq hommes furent fusillés. Je ne sais absolument pourquoi.

Enfin, à quatre heures, nous entrâmes dans Versailles. Toute la population interlope de Paris était là, de chaque côté du chemin qui mène à Satory : banquiers, banquistes.

boursicotiers, journalistes de lupanar et de sacristie, mouchards de tout rang, de tout sexe, hommes et femmes publics, en un mot. Même les séminaristes de Versailles assistaient à la fête, car c'était fête pour la Ville des Rois que ce calvaire des Républicains. Raconterai-je les détails de notre trajet ? Non. Les expressions me feraient défaut. Nous mîmes deux heures pour traverser Versailles et arriver à Satory. Et notre escorte elle-même fut couverte de pierres à nous destinées. Que l'on juge par là de ce que nous avons souffert. Deux petites filles, trois femmes, un vieillard et deux gardes nationaux furent arrachés de nos rangs, malgré l'escorte qui, je dois le dire, fit tous ses efforts pour nous mieux protéger. J'ignore ce que sont devenues ces innocentes victimes de la police versaillaise.

Une pluie diluvienne survint qui diminua le nombre de nos insulteurs. A six heures, nous arrivâmes au camp de Satory.

IV

SATORY

29 Mai.

Nous traversâmes le camp et entrâmes dans les Docks (l'arsenal).

Les murs d'enceinte du préau dans lequel on nous fit parquer étaient troués à chaque dixième mètre, et par le trou passait la bouche d'une mitrailleuse prête à fonctionner. Dans le préau se trouvaient déjà 3 à 4 000 prévenus. On nous conduisit tout au fond. Nous vîmes, là, deux grandes fosses; l'une pleine de cadavres; l'autre servant de cabinet d'aisances. Le préau renfermait trois bâtiments couverts : A, B, et C; ils étaient pleins encore de prisonniers, de blessés, de malades ou de morts. Dans l'un, le bâtiment C, la muraille était tapissée d'éclats de cervelles. (En juillet suivant, on les pouvait toujours apercevoir.)

J'ai déjà dit qu'il pleuvait à torrents; cependant, on nous laissa en plein air, avec défense de rester debout. Les sentinelles, placées au milieu du préau sur une double ligne, tiraient au hasard, sur les groupes du côté desquels elles voyaient un prévenu se lever. C'était une fusillade intermittente. Ceux qui s'indignaient : fusillés. Ceux qui demandaient à aller à la fosse d'aisances : fusillés. Ceux que la fièvre rendait fous : fusillés. De six à sept heures du soir, vingt-sept furent fusillés parmi ceux de notre troupe. La veille, me dit-on, deux cent trente-quatre avaient été fusillés. Chaque matin, on enlevait les morts placés trop en vue. C'était ainsi depuis une semaine.

A huit heures la pluie cessa; on fit mettre en rang tous les arrivés du jour. Nous étions environ mille. On nous demanda nos noms. Certains eurent la sottise de vouloir répondre; on les fusilla. Après, on exigea la remise des couteaux, portefeuilles et menus objets que nous pouvions avoir. Fusillés encore ceux qui refusèrent d'obéir. Enfin, on réclama notre argent de poche, sans vouloir en donner reçu. Cela ne s'était jamais produit jusque-là; nous pensâmes que nous subissions un abus de pouvoir, d'autant plus évident que nul officier, nul chef quelconque n'assistait à cette réquisition exécutée par de simples sergents de ville, la plupart ivres. Onze d'entre nous s'obstinèrent à ne vouloir déposer leurs porte-monnaie qu'entre les mains d'un officier ou d'un agent supérieur. J'étais du nombre. Les sergents de ville et les gardes municipaux nous poussèrent au fond du préau, vers la fosse des cadavres, et la mitrailleuse joua. Il était huit heures du soir à peu près.

. . . .

Au même instant, j'entendis appeler l'homme à l'habit de velours.

Pour quelqu'un qui se croyait mort, il

y avait matière à surprise. J'écoute, je me recueille, je me tâte, je me soulève, je me dresse, et on m'aide à sortir du trou; puis on me jette un seau d'eau sur le corps, on m'éponge. Je ne suis que blessé, trois fois, au haut de la poitrine, mais sans gravité. Je restai longtemps dans une sorte d'ahurissement.

Donc, l'homme à l'habit de velours, c'était moi. Un sergent, celui-là même qui m'avait arrêté à Paris, la veille, était là, me réclamant pour me conduire à son capitaine, disait-il. On me mène, en me soutenant un peu, tout à l'autre bout du préau, à l'entrée, au corps de garde. Le capitaine était sorti. Un chirurgien était présent; il me fait encore laver et m'offre bienveillamment une gorgée d'eau-de-vie. Le capitaine arrive bientôt et me conduit près de lui, dans un pavillon occupé par l'état-major. Un lieutenant-colonel de gendarmerie me reçoit et m'annonce que je vais être immédiatement conduit à la Grande-Prévôté, à Versailles, pour de là, sans doute, être dirigé vers quelque prison convenable ou à l'hôpital.

Comme j'étais toujours ahuri, je ne sais trop ce que je répondis, alors, ou demandai. Toujours fut-il qu'on me ramena au corps de garde afin de me permettre de reprendre mes sens avant de partir. A neuf heures, enfin, deux gendarmes se présentèrent avec ma feuille d'écrou; ils avaient avec eux un autre prisonnier, M. Ernest Lavigne, ancien rédacteur de *la Marseillaise* et, comme moi, élève de l'institution Sainte-Barbe. Nous nous reconnûmes; Lavigne me donna le bras; les deux gendarmes se partagèrent notre surveillance et, après avoir derechef traversé Versailles, après avoir couru de la Grande à la Petite Prévôté, à la recherche du général Appert ou du colonel Gaillard, après avoir finalement obtenu de je ne sais plus quel commissaire un ordre de transfert, nous fûmes écroués, Lavigne et moi, à dix heures du soir, dans une assez belle cellule de la Maison de Correction de Versailles, sur l'Avenue de Paris, et nous pûmes, de suite, boire, manger, dormir.

V

A LA MAISON DE CORRECTION

30 Mai.

Ce matin, à onze heures, le gardien en chef de la prison est venu nous réveiller. Il a assisté à un singulier spectacle, car, dans les premiers moments, Lavigne et moi ne pouvions parvenir à rassembler nos souvenirs et à nous expliquer notre présence commune en ces lieux.

La réalité, tout d'un coup, s'est fait jour en moi, et je me suis écrié, pantelant et suffoqué par l'émotion :

— Ah, mon Dieu! Et ma femme? Que devient ma femme à présent?

Non pas, évidemment, que, depuis mon arrestation de l'avant-veille, je n'eusse songé au sort de la fille de Brunereau; mais parce que ce matin, me sentant hors de danger, certain de ne plus être fusillé sans jugement, assuré d'avoir échappé à tout nouvel essai de mitrailleuse plus meurtrier que celui du jour précédent, je me décidais à laisser mon esprit s'arrêter à ses idées naturelles et ordinaires, ce que je m'étais interdit jusque-là pour conserver ma dignité de vaincu-martyr, afin qu'on ne puisse me dire ces mots : il est mort en efféminé.

Le gardien-chef, jeune homme bienveillant, me procure ce qu'il faut pour écrire et fait organiser assez convenablement la chambre qui sera, dorénavant, commune à Lavigne et à moi. Puis, nous nous installons, et bientôt nos proches, nos amis, nos connaissances sont avisés de notre position par des billets remis au greffe pour être expédiés à Paris par la poste. Après quoi, nous nous présentons l'un à l'autre plus cérémonieusement; depuis Sainte-Barbe, Lavigne a été à l'Ecole

Normale supérieure qu'il a quittée pour le journalisme; je lui apprends que mon histoire est à peu près la sienne, à cette différence seulement que j'ai été jusqu'au professorat.

Nous occupons une assez vaste cellule, le n° 27. Nos fenêtres (il y en a deux) ont vue sur la grande Avenue de Paris. Assis sur leurs embrasures intérieures, nous appuyant contre leurs barreaux de fer, nous pouvons voir passer et repasser la foule, entrer et sortir les employés et les visiteurs de la prison, amener et élargir les prisonniers.

Nous apercevons aussi le petit enclos où se fait la promenade et nous communiquons par gestes avec les promeneurs. Ils sont pour la plupart gens d'apparence distinguée; nous remarquons surtout trois vieillards à longue barbe et à longs cheveux blancs. L'un, le plus âgé, ressemble beaucoup à Raspail; le second a l'air d'un officier retraité; je connais le troisième qui porte lunettes et qui est de haute taille : c'est M. Laluyé, de Rueil, l'ancien ami intime de M. Jules Favre.

A quatre heures, on nous apporte l'ordinaire de la maison, en nous annonçant qu'en payant, nous pouvons avoir des vivres supplémentaires, du pain blanc, du vin et du tabac. Nous déposons alors notre argent au greffe, et les religieuses qui tiennent la cantine nous envoient à dîner.

Peu après, brisés par tant d'événements terribles, nous nous couchons et nous nous endormons.

31 Mai.

A sept heures, nous nous levons.

A neuf heures, soupe maigre, offerte par la munificence gouvernementale. A onze heures, nous déjeunons à nos frais, aussi mal que chèrement. C'est un entrepreneur officiellement patenté qui fournit aux sœurs ce que nous désirons qu'elles nous préparent.

A trois heures, autre soupe gouvernementale. Deux soupes et un pain, voilà l'ordinaire quotidien des prisonniers sans argent.

A six heures, nous dînons à nos frais, toujours aussi coûteusement ; on nous exploite d'une manière indigne. Mobilier fourni par la maison : un lit et une cruche. L'entrepreneur nous procure, à nos frais toujours, une table, des chaises, une literie un peu meilleure. Pour tout cela, nous lui payerons huit francs par mois. Le tout se pourrait acheter trente francs. Il nous le loue quatre-vingt-seize francs par an.

Pris un bain dans une sorte de bouge infect. C'est, ici, comme à Londres : quand on sort de la Tamise, il est fort utile d'aller se laver.

Aperçu dans la prison, MM. Paul Meurice, Barbieux et G... du *Rappel*. Ils ne vivent pas ensemble. M. Meurice a refusé la compagnie de ses inférieurs.

Craignant les irrégularités du service postal, à peine rétabli entre Paris et Versailles, j'écris une seconde lettre à ma femme, pour la rassurer et lui demander de venir me voir, si possible.

Mlle Azémia Delescluze, sœur du publiciste, membre de la Commune, a été écrouée ce matin à la même prison, bâtiment des femmes.

Le vieillard qui ressemble à un officier retraité n'est autre que le trop fameux Régnier, l'agent bonaparto-allemand, qui a joué un rôle si mystérieux à l'époque de la capitulation de Metz et de la fuite de Bourbaki à Londres. Il est ici depuis le 6 avril dernier; le général Valentin a fait enregistrer son arrestation sous ce titre : *Intrigues politiques contre le gouvernement actuellement établi en France.*

Ce soir, étant un peu remis de nos fatigues, Lavigne et moi avons conversé longuement, nous racontant les circonstances de notre arrestation. Mon camarade a été dénoncé par un ancien maître-répétiteur de Sainte-Barbe, comme faisant partie de la rédaction du *Rappel*, ce qui est absolument faux. Je lui conseille de demander à M. Meurice l'attestation écrite du contraire; il le fera demain et enverra ce témoignage au général Appert, commandant en chef l'armée judiciaire versaillaise et directeur suprême du parquet des conseils de guerre, institués pour juger tous les citoyens arrêtés depuis le 18 mars.

1er Juin.

La poste, me dit-on, met deux jours pour apporter une lettre de la capitale; cela me rassure sur le silence gardé par ma femme; mais que la malheureuse doit être inquiète, si elle n'a pas encore reçu de mes nouvelles! Pourvu qu'il ne lui soit rien arrivé personnellement! Je n'ose songer à cette possibilité. Pauvre femme. Doit-elle se désoler! Son père mort et son mari prisonnier! *Sunt lacrymæ rerum!*

M. Ernest Lavigne est garçon; il a bien de la chance. C'est un trop grand crève-cœur pour un homme d'être ainsi séparé de la femme qu'il aime.

Il y a beaucoup de femmes prisonnières en cette maison; j'ai encore vu passer Mlle Delescluze allant à l'instruction. J'ai vu ensuite Mme Millière, dont le mari, dit-on, a été fusillé sur les marches du Panthéon. J'ai vu aussi Mme Dereure. Est-ce un rêve? De quoi ces dames sont-elles coupables? Et pas de nouvelles de ma femme. Quelles angoisses!

Tandis que Lavigne écrit à M. Meurice pour lui réclamer la déclaration convenue, j'écris à ma mère, à mon ami Richard et à M. Portalis, mon ex-rédacteur en chef.

Aperçu Mᵐᵉ Meurice qui est venue voir son mari.

Le sosie de Raspail est M. Letellier, maire de Montreuil, fabricant de plâtre; il est accusé de complicité dans le meurtre d'un gendarme; pourtant, il n'a guère la figure d'un assassin. Qui mieux est, le gendarme vit encore!

L'auxiliaire, qui nous apporte notre dîner, nous a fait passer par un guichet un morceau de journal sur lequel je lis ce qui suit :

« On nous affirme que Félix Pyat a été arrêté hier chez une marchande de journaux par des agents qui l'ont conduit à Versailles. »

Cela me fait trembler, car c'est très probable, l'un de nos amis communs, en situation de recevoir Pyat, étant en effet libraire et marchand de journaux.

Huit heures du soir. — Un immense convoi de prisonniers passe devant la prison; de nos fenêtres, nous en observons tout l'horrible spectacle. Triste échange de tristes réflexions avec Lavigne, durant la nuit.

2 Juin.

Pas de lettres de ma femme, ni de personne. Que penser? Heureusement Lavigne n'en a pas davantage et cela me fait croire à la difficulté des communications. Vraiment, si quelque nouveau désastre m'arrive, je ne le supporterai pas, surtout s'il tombe directement sur ma femme. Hélas, qu'elle doit souffrir! Comment s'arrange-t-elle? Aura-t-elle assez de courage pour ne pas succomber sous le poids de ses affreux malheurs? Encore si elle se portait bien. Ah, quelle torture que cette incertitude!

M. Paul Meurice a répondu à mon compagnon qui va tout de suite envoyer cette réponse à qui de droit. En même temps, j'ai écrit à M. le général Appert pour demander ma mise en liberté provisoire, sous caution, à son choix.

Que cette journée est longue! Que la nuit est lente à venir! Encore, sais-je si le sommeil l'accompagnera? Bien de noirs pensers occupent mon âme et l'image de ma femme, en deuil de son père et séparée de son mari est sans cesse devant mes yeux. Que se passe-t-il à mon domicile?

3 Juin.

Toujours sans nouvelles. Je commence à perdre toute espérance. Nous sommes, paraît-il, en un si vilain temps de dénonciations ignobles et de vengeances particulières.

Cette maison regorge de prisonniers. Pourtant, on continue à en amener des bandes. Et des femmes! Et même des enfants! Où diable sommes-nous tombés? *I dare do all!*

C'est bien M. Laluyé, de Rueil, qui est ici. On m'apprend qu'il loge en un véritable cachot, par ordre supérieur. Qu'a pu faire ce vieillard pour mériter pareil traitement? —

L'autre vieillard, M. Letellier, a soixante-treize ans.

Voilà le septième jour de mon absence de Paris, et nul ne m'a encore interrogé. O mes amis de Londres, que diriez-vous si vous saviez exactement ce qu'on fait de la liberté individuelle en France ?

Réflexion faite, je suis un peu plus calme et mon inquiétude à l'égard de ma femme a diminué pour redoubler peut-être demain. D'abord, je sais que la poste est réellement mal organisée ; d'autre part, je pense que ma pauvre amie s'occupe de retrouver le cadavre de son père pour lui rendre les derniers devoirs ; puis, je songe qu'il lui faut encore mettre ordre aux affaires de la succession, s'arranger avec les créanciers, avertir les débiteurs, s'entendre avec la fille aînée de Brunereau pour le partage, etc.

Ecrit, dans ce sens, à ma femme et ajouté quelques indications sur la marche à suivre pour obtenir l'autorisation de me voir ; terminé comme ci-dessous :

« Comme je te l'ai écrit chaque jour, ne sois

point trop inquiète sur mon sort futur ; mon arrestation n'a été que la suite des mesures prises contre tous les journalistes, sans exception, qui ont écrit dans les journaux que la Commune n'a pas supprimés. »

Huit heures du soir. — Pas plus de lettres ce soir que ce matin. Mon angoisse réapparaît. Ma pauvre bien-aimée, qu'es-tu devenue ? Orpheline, demi-veuve et malade...

Lorsque je vois passer sous mes fenêtres Mlle Delescluze et Mme Millière, allant à l'instruction, entre deux gendarmes, je me demande si ma femme n'a pas été, elle aussi, arrêtée. Est-ce assez épouvantable à dire ? Puis, quand je me rappelle les aménités du gardien-chef et les bontés des autres employés de la prison, je me questionne : n'est-ce point par pitié pour mon infortune qu'on me traite ainsi bienveillamment ?

Si M. Lavigne ne m'encourageait, je ne pourrais supporter cette vie.

4 Juin.

Enfin, j'ai des nouvelles. Il était temps. Je devenais fou. On s'en est aperçu et l'inspecteur de la prison a eu l'humanité de venir m'apprendre que ma femme allait assez bien, qu'elle ne perdait pas courage et m'avait écrit déjà deux fois. Seulement, comme il faut que nos correspondances, envoyées ou reçues, soient visées par trois personnes avant de parvenir à leur adresse, je dois patienter; je n'aurai pas ces chères missives avant quarante-huit heures. Ouf, je respire. Sans exagération, depuis le 29 mai j'ai vieilli de cinq ans.

Lavigne et moi fêtons la bonne nouvelle par un copieux repas; depuis trois jours, je n'avais plus le moindre appétit. Aujourd'hui, nous avons dévoré comme des ogres.

M. Coussiol, directeur des prisons de Seine-et-Oise, nous a fait une assez longue visite; il ressemble à Lagrange, l'ex-directeur de la police secrète, et nous paraît ne pas seulement lui ressembler physiquement.

Du haut de nos fenêtres, nous voyons mille choses distrayantes : la femme et le petit bébé du gardien-chef; les promeneuses de l'avenue; les écoliers d'une pension voisine; les allées et venues des gendarmes et des prisonniers; le temps se passe ainsi tant bien que mal. L'un de nous est constamment de planton et appelle l'autre quand il y a quelque chose à regarder.

5 Juin.

Visite de ma femme. Quel soulagement! Et, cependant, je ne l'ai vue que du haut de ma fenêtre. Elle m'apportait un paquet de linge. On lui a refusé l'entrée du parloir, faute d'un permis. Je ne sais si j'ai bien compris ses signes : il me semble qu'elle voulait m'annoncer quelque chose d'heureux. Elle reviendra demain. Comme nos regards étaient sympathiques! La pauvrette m'a littéralement deviné et, sans hésiter, a directement cherché ma tête entre mes barreaux;

pourtant, elle ignorait où j'étais et il y a trente-six fenêtres à la façade de la prison.

Lavigne a eu, aussi, une visite pareillement précieuse.

Ce soir, fêtant cette double apparition, nous avons joyeusement dîné d'une volaille apportée par ma femme, d'un immense gâteau de Savoie apporté par Mme X... à mon co-détenu, et d'une bouteille de vin de Constance, offerte par M. Meurice, en retour d'un pâté que nous lui avions envoyé.

Vu M. Letellier d'assez près; sa ressemblance avec Raspail est stupéfiante. D'après lui, le gendarme dont on l'accuse d'avoir causé la mort est en excellente santé et viendra, au jour de l'audience, déposer qu'il lui doit la vie. Impossible de suspecter un instant la sincérité d'une déclaration sortie d'une pareille bouche : cet homme est le type incarné de la vieillesse respectable, admirable, sympathique à tous égards.

6 Juin.

Au matin, les deux lettres annoncées me sont remises ; dans la première, ma femme me tranquillise sur sa santé et sur son courage ; dans la seconde, je crois deviner qu'elle n'est pas du tout en deuil de son père, mais qu'il faut profiter de l'erreur commise et le laisser passer pour mort.

En effet, il vit, il est libre, il est en sûreté. Je viens de voir ma femme et elle a pu me renseigner en anglais, au nez du gardien, furieux de ne pas la comprendre. Ah, chère amie ! Quelle émotion à sa vue ! Quel bonheur à cette nouvelle ! Cher Brunereau, cher père... Sauvé... Pyat, non plus, n'est pas arrêté. Quant à Millière, il est mort, bien mort, mort en héros. Et quarante mille autres républicains avec lui. De plus, environ quarante mille personnes ont été arrêtées.

Enfin, je l'ai vue. Elle a surmonté tous les obstacles, subi toutes les humiliations, mais elle a eu son permis. Comment ? Elle me le raconte, paraît-il, dans une lettre qu'elle m'a adressée hier. Ah, la vaillante citoyenne, la digne fille du commandant Brunereau ! Malheureusement, notre parloir est affreux, on n'y peut même se serrer la main; deux grilles vous séparent et, entre ces grilles, se promène un garde-chiourme. Mazas et la Santé, où êtes-vous ? Au moins, en ces bastilles, on se peut embrasser. Enfin, je l'ai vue... C'est le principal. Elle est changée; ces bouleversements lui ont causé une révolution dangereuse. Par bonheur, maintenant, sa tranquillité renaîtra bientôt et la santé lui reviendra graduellement. Brunereau est en bonne voie de salut et, pour moi, je n'ai plus rien à craindre, je l'espère, à présent que j'ai pu me tirer sain et sauf de Satory. Par exemple, affreux détails sur ce qui s'est passé en notre établissement de la rue des Martyrs. Tout est perdu : meubles, marchandises, agencements, etc.

Après une entrevue de trente minutes, il a fallu se quitter. Elle reviendra dans quatre jours. Allons, du courage, de la patience.

Résignons-nous. Elle part. Je remonte précipitamment en ma cellule et, de mon observatoire, je la vois quitter la prison et stationner un instant devant la porte, me saluant avec son mouchoir.

Cinq heures. — Elargissement de Mlle Delescluze. Son frère a été tué près de la barricade du boulevard Voltaire.

Il y a, dans la cellule voisine de la nôtre, quatre nouveaux venus dont j'ignore les noms. Il ne faut pas que nous nous plaignions trop fort; partout ailleurs, les détenus sont au moins cinq ensemble, et n'ont pas la jouissance de la vue du dehors.

Dix heures. — Entendu, dans le lointain, de fort belles fanfares sur le cor de chasse. C'est le bouquet de ma journée si agréablement remplie.

7 Juin.

Nous nous sommes procuré deux journaux récents : le *Figaro,* du 2 juin, et le *Paris-Journal,* du 4. Quelle succession horrible de faits monstrueux! Nous sommes terrifiés. Si la centième partie de ce que nous avons lu est vraie, la France doit être tombée plus bas que l'Espagne. Nous sommes malades de cette lecture.

L'entrepreneur s'est décidé, après cinq jours de réflexions, à nous procurer un volume loué dans un cabinet de lecture, *la Pupille*, par X... ou Z... Son choix a été si heureux que nous lui avons retourné de suite le chef-d'œuvre.

Lavigne a reçu, de Paris, trois ouvrages meilleurs : les œuvres d'André Chénier, celles d'Hésiode (latin-grec) et *la Solitude*, de Zimmermann. Nous allons dévorer cette pâture intellectuelle.

Mme X..., que nous venons d'apercevoir du haut de notre observatoire grillé, n'a pu obtenir l'autorisation de voir mon ami; mais je vais écrire à ma femme et, j'en suis sûr, la prochaine fois, elle la fera pénétrer ici avec elle.

Reçu la lettre dans laquelle ma femme me raconte son premier voyage :

Je reviens de Versailles. Partie, le matin, par le train de sept heures et demie, je ne suis repartie qu'à trois heures. Me voilà donc à la Prévôté; des gendarmes m'arrêtent : on ne passe pas. Quand même, je me faufile et j'entre dans les bureaux. Là, on me dit de laisser ton nom et mon adresse; puis, de revenir de une heure à trois. A une heure j'arrive : nouvelle consigne. On enverra les permis à domicile. Furieuse, je traverse la cour au hasard. Je vois un écriteau : *Etat-major*. Je me dis : Essayons de ce côté. Je pénètre assez aisément jusque auprès d'un lieutenant-colonel. Mais, pas d'ordres. C'est le général Appert seul qui peut me répondre. J'interpelle un employé qui paraissait poli. Il m'apprend que c'est au colonel Gaillard que je dois m'adresser. Je pars à sa recherche. Mais impossible de le trouver aujourd'hui. Je reviendrai demain matin.

Appris l'arrestation de mon ami Monnanteuil, correcteur du *Vengeur*.

Visite d'un inspecteur général qu'escortent plusieurs agents :

— Messieurs, je viens voir si vous n'avez rien à me demander?

— Monsieur, que pouvez-vous nous accorder?

— Messieurs, rien; nous sommes trop au dépourvu.

Alors ?... L'imbécile parti, nous avons passé deux heures à rire.

8 juin.

M. Laluyé m'a envoyé, avec ses compliments de condoléances, la petite coupure de journal que voici :

> Les condamnations et arrestations vont leur train. L'esprit de Versailles est toujours le même, mais maintenant il est dépassé par l'esprit de rigueur qui anime l'autorité militaire à Paris. « N'envoyez pas X... à Versailles, disait un officier supérieur à un autre, mais faites-lui son affaire à Paris, car à Versailles on ne fusillera pas, vous verrez. »
>
> Le nombre des dénonciations anonymes, adressées soit aux quartiers généraux de l'armée, soit aux mairies, soit à Versailles, soit enfin, le plus grand nombre, aux commissaires de police de Paris, s'élève, dit l'*Opinion nationale*, depuis le 22 mai, à 389 823, jusqu'au 1ᵉʳ juin inclusivement.
>
> Le numéro d'ordre d'enregistrement à la Préfecture de police, où les correspondances sont centralisées, a permis d'établir cette statistique de l'anonymat.

Trouvé, aussi, dans un numéro du *Petit Journal*, cet article dans lequel il est question de mon beau-père. Le fait doit être exact; Brunereau commandait, en effet, au Père-Lachaise, dans les derniers jours de l'atroce semaine :

Jeudi matin, la Commune et ses partisans se réfugiaient pêle-mêle à la mairie du XI° arrondissement.

Au milieu du désordre et de la terreur, raconte le *Drapeau tricolore*, personne ne songeait à rendre les devoirs funèbres au général Dombrowski.

Un seul membre de la Commune y pensait, et il se rendit au Père-Lachaise avec le colonel, frère du général, quelques officiers et un piquet d'honneur.

Le cadavre était exposé sur un brancard incliné ; il était revêtu de la capote polonaise, les jambes étaient enveloppées d'un linge. Un cercueil en chêne était préparé ; on prit les couvertures de deux gardes nationaux présents, on les mit au fond du cercueil, et on déposa le cadavre enveloppé dans un drapeau rouge.

Puis le commandant Brunereau fit entrer les artilleurs, les marins, les cavaliers, et tous ceux qui étaient de garde au cimetière ; chacun déposa, en pleurant, un baiser sur le front du cadavre, puis la bière fut vissée. On la porta, à bras, jusqu'à un caveau vide, où on la laissa, après que le frère de Dombrowski eut écrit quelques mots au crayon sur le couvercle.

Le citoyen Vermorel, membre de la Commune,

prit la parole et rappela quelques détails biographiques sur la vie de celui qui, quoique étranger, embrassait chaleureusement la cause de la Commune.

La scène était grandiose, le canon grondait, le pétillement de la fusillade éclatait aux environs; tous les assistants étaient sous une impression indescriptible, le découragement était sur tous les visages; aucun ne se faisait plus illusion sur l'issue de la lutte, et l'on pourrait appeler cette cérémonie les funérailles de la Commune.

M. Régnier, qui jouit d'une liberté relative dans la prison, a réussi à me faire passer sa brochure sur les mystères de la capitulation de Metz. Après avoir lu, relu et médité cet ouvrage qui paraît œuvre de franchise, je résume ainsi mon avis et celui de Lavigne sur son original auteur : c'est un de ces hommes à idées fortes et prime-sautières, au cœur audacieux, que l'on rencontre parfois dans les temps difficiles; ils font toujours merveille, s'ils parviennent à s'imposer. M. Régnier a été à deux doigts de sauver Napoléon, à son propre insu. Il a failli rétablir l'Empire sans la moindre participation de l'Empereur. Il a fait, un moment, l'Impératrice, régente malgré elle.

L'ineptie de Bourbaki, la vénalité et l'ambition de Bazaine, la jalousie des Chevreau, Rouher, Duperré, l'irrésolution de l'Impératrice, ont empêché le succès de ses desseins. Mais ils étaient habilement conçus, et M. Régnier, quoi qu'on en dise, qu'il ait été même agent de Bismarck ou qu'il ait simplement obéi à son imagination, M. Régnier a fait preuve de génie dans ses conceptions hardies et ses aventures. Il y a en lui, pleinement, l'étoffe d'un ministre, d'un Richelieu bâtard. Une seule chose lui manque : une instruction égale à son bon sens, ou plutôt à la connaissance de la vilénie humaine. M. Régnier est marié à une Anglaise; ou je me trompe beaucoup, ou c'est « madame » et non pas « monsieur » Régnier qui est l'auteur anonyme des divers écrits politiques que cet homme me présente comme son œuvre.

9 Juin.

M. le conseiller fédéral Challet-Venel a adressé, sous la date du 5 juin, une lettre à la

Gazette de Schwytz par laquelle il déclare qu'il n'a donné aucune hospitalité à Félix Pyat, contrairement à ce que l'on avait dit.

Qui trompe-t-on? Est-ce le public? Est-ce moi?

Hier soir encore, on me faisait savoir au prix de mille démarches difficiles, que Félix Pyat était en sûreté près des Halles, chez l'un de mes plus intimes camarades.

Lavigne a eu, enfin, sa visite si désirée; on lui a donné des nouvelles de ma femme qui viendra demain. La pauvrette commence à avoir des ennuis affreux : son père, caché près de la Roquette, l'inquiète beaucoup par ses imprudences; dernièrement, sous un costume de mitron sortant du pétrin, il a été voir les ruines de l'Hôtel de Ville. D'autre part, notre propriétaire, M. Guérin, 43, rue de Trévise, voudrait faire réparer la devanture de notre établissement de la rue des Martyrs qui a été criblée de balles, de boulets et d'obus; or, le bruit nécessaire de la mort de notre père oblige à des formalités très désagréables. De plus, tous nos amis ont fui devant l'orage : *Tempora si fuerint nubila, solus eris!*

Six heures du soir. — Un individu suffisamment convenable, se disant délégué du ministre de la Justice, vient de m'interroger enfin. Il m'a demandé :

— Pourquoi avez-vous été arrêté?

— J'allais vous prier de me le dire.

Résultat : ni lui, ni moi, ni personne ne sait la cause de mon arrestation.

— Alors, qu'on m'élargisse.

— Oh, monsieur, depuis votre arrestation, il nous est arrivé contre vous soixante-trois lettres dénonciatrices.

— Dénonciatrices de quoi?

— De votre liaison avec Félix Pyat.

— C'est donc un crime de l'aimer, cet homme?

— Monsieur, beaucoup sont morts pour n'avoir fait que lire ses écrits.

La réponse était bonne; je me retirai.

10 Juin.

Seconde visite de ma femme; elle amène Mme X... qui réussit, grâce à elle, à voir Lavigne. Ah, les femmes! Que nous sommes peu de chose auprès d'elles! Elles seules savent aimer, se dévouer, souffrir.

Tristes nouvelles du père; il est pourchassé d'asile en asile.

Excellente réponse de G. Richardet, rédacteur du *National*. Mes autres amis gardent toujours le silence : *Donec eris felix,* etc. C'est la même chanson que devant. Les amis de Lavigne ne valent pas davantage; un seul se dévoue et s'occupe courageusement de le tirer d'ici : c'est M. Guérard.

Nous avons la chance d'entendre sonner les heures à l'horloge d'un couvent voisin ; cela ne nous est point désagréable, nos montres étant au greffe avec notre argent.

Nouveau bain : je suis servi par un auxiliaire nommé Numa, créole de dix-neuf ans, se prétendant élève du *Borda*.

11 Juin.

C'est aujourd'hui dimanche. Ce matin, de nos fenêtres, nous avons suivi les évolutions d'une procession presque risible. De mon temps, à Bourg-en-Bresse, en 1850, par exemple, ces choses-là étaient plutôt imposantes, majestueuses. Le progrès de la religion primitive, naturelle, de la libre pensée, aurait-il déjà causé, à Versailles, tant de transformations philosophiques que les exercices, les thaumaturgies catholiques n'y fussent plus de saison? Allons, s'il en est ainsi, malgré les persécutions, le monde marche. Espérons.

M. le général Le Flô, ministre de la guerre, est venu voir M. Meurice.

M. Letellier, de Montreuil, sera très prochainement jugé.

Mme X... est aussi arrivée; elle a, suivant sa coutume, apporté quelques friandises à mon compagnon qui n'en est pas content du tout; ce sont des chaussettes et des chemises qu'il désirerait, et sa pauvre femme ne songe jamais aux choses pratiques. Ce n'est pas la mienne qui m'apporterait des inutilités; elle est bien trop intelligente, trop bonne ménagère.

Ce soir, lecture d'André Chénier. Lavigne

lit fort bien, avec âme, avec la conception parfaite de ce qu'il débite, presque comme Samson de la Comédie-Française. C'est une véritable fête intellectuelle pour moi.

12 Juin.

Le gardien-chef, de plus en plus charmant, nous a prêté un assez bon livre : *les Mystères de l'Océan*, par Arthur Mangin.

Je n'ai toujours pas encore été interrogé sérieusement. Que veut-on faire de moi ?

Qu'ai-je commis pour être ici ? Me détient-on simplement parce que j'ai été le secrétaire de Félix Pyat, en 1869 ? Pendant toute la durée de la Commune, non seulement je n'ai pas été garde national, mais j'ai refusé plusieurs fois, par la voie de la presse, les fonctions que mes amis voulaient me confier. Ce n'est pas tout : dans la *Vérité*, le *Rappel*, le *Siècle*, le *National*, j'ai prêché la conciliation. Dans mes *Lettres d'un Bon Rouge aux membres de la Commune*, j'ai été plus loin : j'ai dit carrément mon avis sur les inepties du Comité central ; j'ai même dévoilé les infamies des Lullier, des Gasnier, des du Bisson, etc.; j'ai parlé sincèrement en faveur du bien général. Enfin, Schœlcher, Desmarest, Hauet, Bertin, Frigerio et trente autres ont dû, à mon intervention, ou leur liberté, ou leur sortie de Paris. Tous les employés de la mairie du IX° arrondissement, en outre, témoigneraient, au besoin, de mon zèle désintéressé pour le salut public. Oh, quand je serai libre, comme je veux publier l'ignominie de mes persécuteurs !

13 Juin.

Lettre de ma femme. Elle a été chez Emmanuel Arago qui l'a très bien reçue et l'a assurée qu'on m'élargirait prochainement. Un de mes parents, du côté de ma mère, M. Paul Maritain, neveu de Mme Vernier (dite Mme Jules Favre), et secrétaire de Jules Favre lui-même, doit aussi s'occuper de me faire libérer, en reconnaissance d'un service que je me suis efforcé de lui rendre durant le premier siège de Paris.

Dénonciation extraite du *Petit Journal* :

« On avait annoncé la capture d'une femme extraordinairement dangereuse, la citoyenne Brunereau, fille du fourreur. Elle n'est pas confirmée, jusqu'à présent. L'aimable jeune personne a échappé à toutes les recherches. On est cependant sur ses traces. »

L'auteur de cette note doit être, suivant ma femme, le nommé P..., équilibriste et gymnasiarque décoré par l'Empire, je crois. Ce coquin a été, jadis, mis à la porte de notre magasin par Brunereau, à la suite d'une discussion politique. Or, avant-hier, il a vu ma femme sur son balcon, et hier, le *Petit Journal*, dont son frère est rédacteur, publiait cette infamie.

Les chaleurs arrivent; leur habituel cortège aussi. Les puces et les punaises nous dévorent. Même, déjà, nous avons trouvé des poux. Quel plaisir d'être, ou simplement de paraître, un homme politique : poux, puces, punaises, eau claire, pain noir, soupe maigre, lit de paille, ruine au logis. En 1866, dans le Tyrol, les poux m'ont mangé. En 1870, au château de Blois, les punaises. Ici, les puces, les punaises et les poux. Ah, quel bonheur d'être Français... quand on habite les bastilles! — Après tout, c'est le progrès naturel de l'ordre politique des choses : 1866, royaume italien; 1870, empire napoléonien; 1871, république cléricale; puces, punaises, poux. Ai-je été assez insensé de croire au bien, au beau, au vrai, à la justice, à l'humanité? Volés ou voleurs, dupeurs ou dupés, sceptiques ou idiots, voilà la société. Les honneurs et l'argent, aux malins; aux naïfs, puces, punaises et poux.

Six heures. — Ecrit à ma femme :

« On vient de m'apprendre que mon dossier est complet, l'enquête ordonnée finie, et, enfin, que ce soir l'autorité militaire aura, en mains, toutes les pièces indispensables à l'examen d'où résultera mon élargissement ou mon renvoi devant la Cour martiale. Tranquillise-toi donc de plus en plus. Si la justice a son cours, nous serons bientôt réunis. »

M. Chéron, ex-adjoint au IIe arrondissement de Paris, un de ceux qui ont tenté d'organiser la résistance contre le Comité central, à la mairie de la Banque, adresse la lettre suivante à la *Gironde* :

Bordeaux, 28 Mai.

Monsieur le rédacteur,

En vous voyant, à juste raison, désigner comme agents bonapartistes les Vermorel, Vallès, Clément, Arnold, etc., il me vient à l'idée de vous communiquer qu'alors que nous étions en guerre avec le Comité central, nous fîmes cinq à six cents arrestations et désarmements, parmi lesquels plusieurs agents de l'ex-préfecture de police impériale, brigade de sûreté Lagrange, les fidèles de Pietri.

Reconnus par M. Duban, commissaire de police du quartier d'Amboise, chargé de l'instruction, leur déclaration ne laisse nul doute sur leur présence au milieu des insurgés pour le compte de Napoléon.

Veuillez agréer, etc.

CHÉRON.

Je m'empresse de reproduire, en mes notes, cette coupure que m'a fait passer M. Letellier, et qui me semble importante, quoique fausse en quelques points.

14 Juin.

M. Bonnange, un voisin, nous a prêté deux ou trois excellents romans ; le meilleur est de Charles Hugo : *la Chaise de paille.*

Les écoliers de la pension dont nous voyons les ébats de nos fenêtres ont inventé le *Jeu de la Commune* (sic.) Ils se réunissent les plus forts, les plus méchants, les plus riches, et poursuivent à coups de pierres le plus petit, le plus doux, le plus pauvre d'entre eux, jusqu'à ce qu'ils l'aient atteint. Alors, ils s'obstinent à le battre pour le faire crier avec eux : *A bas la Commune!* — Mais le marmot s'adosse à la muraille, dresse la tête fièrement, met les bras en croix et crie plus fort que jamais : *A bas Versailles!* — MM. Paul Meurice, Letellier, Bonnange, Durieu, Pallas, Renaud, Fossé, Gaëtan et Lavigne ont eu, comme moi, l'occasion d'assister vingt fois à cette imitation enfantine, mais fidèle, des événements derniers.

Plusieurs prisonniers ont été élargis cette après midi.

On dit que l'entrepreneur de la cantine de la prison est remplacé par deux jeunes gens qui seront, sans doute, deux fois plus voleurs.

15 Juin.

M. Paul Meurice vient d'être élargi. M. Meurice est l'un des propriétaires du *Rappel*; il dirige la rédaction de ce journal depuis sa fondation, en mai 1869. Mais alors, pourquoi Barbieux, simple gérant de la même feuille, pourquoi G..., collaborateur, pourquoi Lavigne, collaborateur supposé, ne sont-ils pas élargis en même temps?

> Selon que vous serez puissant ou misérable,
> Les jugements de cour vous feront blanc ou noir.

Notre gardien-chef s'appelle Boucher; c'est un ex-sergent fourrier. Il nous paraît de plus en plus résolu à changer sa sphère, et rien ne lui coûtera, bien sûr, pour arriver à ses fins. Je commence à le comprendre, cet homme est dans le vrai : *Primo sibi caritas!*

16 Juin.

On a envoyé à Lavigne le *Dictionnaire philosophique* de Voltaire. Je vais le méditer à mon aise. En 1855, chez mon grand-père, le Dʳ Feuilliet, j'ai pour la première fois parcouru ce solide ouvrage ; mais j'étais trop jeune encore pour en retirer rien de bon. Aujourd'hui, c'est le moment.

L'entrepreneur de la prison, directeur des ateliers et patron de la cantine supplémentaire, a été, en effet, remplacé par deux jeunes gens pires que lui. Les termes me manquent pour qualifier les exploits de ces individus. Quelle infamie ! Ces brigands patentés n'ont pas cinquante ans à eux deux. Dans leurs âmes mal nées, le progrès n'attend pas le nombre des années...

Lettre de ma pauvre femme. Sa santé ne s'améliore pas et ses ennuis redoublent. Brunereau est caché à Saint-Mandé depuis quelques jours, me dit-elle, en un langage convenu à l'avance. Félix Pyat est caché du côté de la gare Saint-Lazare, chez deux bonnes vieilles dames. De ces soucis-là, le plus gros est loin, car on est à peu près sûr de ne pas être découvert.

Que le monde est hideux ! Lorsque je serai élargi, je veux louer, dans un village éloigné, une maisonnette avec un jardin et m'établir là pour au moins trois ans. J'écrirai. Ma femme tiendra le ménage. Peut-être aurons-nous un bébé qui grandira au bon air... Oui, je travaillerai ; nous ferons des économies, nous rétablirons notre fortune ; puis, si rien ne nous retient dans ce malheureux pays, nous irons au loin, en Suisse ou en Italie, ou dans une ville nouvelle de l'Amérique, chercher dans la médiocrité aisée, le bonheur que l'oubli de la France nous apportera. *Primo vivere, deinde philosophari !*

Lavigne, lui, aussitôt libre, partira pour la Russie.

17 Juin.

Troisième visite de ma femme. Elle ne peut résister aux obsessions de M. Guérin, de

Mᵉ Segond, notre notaire. Elle me demande ma procuration; je la lui donne et, ce soir, elle signera tout ce que Mᵉ Segond voudra. On vendra donc et les marchandises, et le mobilier, et le fonds de magasin du père, puisque Mᵉ Segond accepte la responsabilité de la liquidation de la succession d'un homme dont l'extrait mortuaire n'existe pas. Brunereau sera ruiné; nous aussi, puisque Brunereau était le débiteur de ma femme. Mais Brunereau sera sauvé. Que nous importe la fortune sans lui.

Et dire que si j'étais au logis, en vingt-quatre heures j'aurais balayé tous ces gens-là ! Mais ma femme est livrée à elle-même. Un ami d'autrefois, un ami des jours heureux, M. Berchon des Essarts, ancien notaire, pourrait conseiller, guider, sauver la pauvrette. Je lui ai écrit. Mais sa femme est accourue auprès de la mienne pour la supplier de m'avertir que mes lettres compromettaient son mari. Les lâches gens !

Quelle maison, cependant, fut plus hospitalière que la nôtre? Et où trouvâtes-vous accès plus facile ou asile plus sûr, vous tous, fuyards du 4 septembre 1870 et du 18 mars 1871, quémandeurs du premier et du second siège, gens de tout rang, de tout parti? Nous étions, alors, le brave Brunereau, l'obligeant Gromier... Notre réputation de générosité était si bien établie que M. Brandreth, ex-directeur de Mazas, venait *utilement* réclamer l'assistance de ses anciens prisonniers. Mais, cachons nos bienfaits; ne dévoilons que les ingratitudes de nos obligés.

18 Juin.

Un compatriote, Edgar Quinet, m'est venu voir. Enfin, voilà donc quelqu'un qui s'intéresse réellement à moi. Je raconte à l'illustre bressan toutes mes douleurs. Il en est navré. Je lui demande ce qu'il pense de la situation du pays. Il lève les bras en l'air, et me dit : « C'est le chaos final. » Un instant, j'ai dû le rassurer sur l'avenir de la République en lui criant : « Non, ils ne l'assassineront pas, puisqu'ils ne nous ont pu assassiner tous! » En me quittant, il doit aller directement chez le général Appert pour exiger mon interrogatoire officiel, et dans les règles.

Cette après-midi, réédition de la procession religieuse de dimanche matin. Pour dire vrai, cette fois, c'était encore plus pitoyable : à peine six pelés et un tondu. Un reposoir était dressé, presque sous nos fenêtres, devant la porte de la pension voisine. Des femmes et des enfants chantaient. La pluie survenant, chacun s'est sauvé à toutes jambes, en courant. Les jeunes filles retroussaient leurs jupons pour garantir leurs toilettes; tous leurs dessous apparaissaient, étincelants de fraîcheur.

Ce soir, Lavigne et moi avons causé de Félix Pyat, d'Alphonse Esquiros, de Schœlcher, de Louis Blanc, de Victor Hugo et de tous les personnages que j'ai connus à Londres. Nous avons parlé ensuite de Thiers, d'Ernest Picard, d'Ollivier, de Jules Simon et de tous les personnages que j'ai connus à Paris. Enfin, nous nous sommes entretenus longtemps de Garibaldi, de Mazzini, de Guizot, de Berryer, de Delescluze, de Barbès, et de tous les personnages avec lesquels j'ai eu des relations épistolaires assez importantes pour que leurs correspondances aient été mises en lieu sûr.

Terminé la journée par quelques pages d'André Chénier, lues par Lavigne avec son talent admirable.

19 Juin.

Edgar Quinet a tenu parole. M. Macé, commissaire général, m'a interrogé ce matin; — c'est-à-dire que, comme le délégué du 9, il m'a demandé si je connaissais les motifs de mon incarcération. Quelle dérision! Sans autre enquête, M. Macé s'est retiré, m'assurant que ma situation subirait une amélioration prochaine. Nous allons bien voir.

Lavigne a été interrogé après moi. M. Macé lui a posé la même question : « Pourquoi avez-vous été arrêté? » — M. Lavigne lui a tourné le dos et est revenu dans notre cellule sans vouloir lui répondre.

Tout cela m'écœure au dernier point. Dans quels temps vivons-nous? Je suis ici sans raisons encore connues et, cependant, la désolation et la ruine ravagent mon foyer. Comme je comprends les représailles! Comme j'ai du regret d'avoir prêché la conciliation! Quelle haine s'amasse en mon cœur!

Appris les détails de la mort de Millière, d'après le récit du capitaine Garcin, son meurtrier :

« Millière a été arrêté vers dix heures du matin dans une maison qui était la sienne, je crois. Il avait opposé une certaine résistance au sergent et au caporal qui l'arrêtaient ; il avait tiré un revolver et il était emmené par deux hommes très surexcités. La foule était frémissante ; elle voulait le lacérer.

« Millière a été amené. Nous étions à déjeuner, avec le général, au restaurant, rue de Tournon, à côté du Luxembourg. Nous avons entendu un très grand bruit, et nous sommes sortis. On m'a dit : « C'est Millière. » J'ai veillé à ce que la foule ne se fît pas justice elle-même. Il n'est pas entré dans le Luxembourg. Il a été arrêté à la porte. Je lui ai dit :

« — Vous êtes bien Millière ?

« — Oui ; mais vous n'ignorez pas que je suis député ?

« — C'est possible ; mais je crois que vous avez perdu votre caractère de député ; du reste, il y a parmi nous un député, M. de Quinsonas, qui vous reconnaîtra.

« J'ai dit à Millière que les ordres du général étaient qu'il fût fusillé. Il m'a demandé :

« — Pourquoi ?

« Je lui ai répondu :

« — Je ne vous connais que de nom. J'ai lu des articles de vous qui m'ont révolté ; vous êtes une vipère sur laquelle on met le pied. Vous détestez la société.

« Il m'a arrêté en me disant d'un air significatif :

« — Oh, oui, je la hais, cette société !

« — Eh bien, elle va vous extraire de son sein ; vous allez être passé par les armes.

« — C'est de la justice sommaire, de la barbarie, de la cruauté.

« — Et toutes les cruautés que vous avez

commises, prenez-vous cela pour rien? Dans tous les cas, puisque vous dites que vous êtes Millière, il n'y a pas autre chose à faire.

« Le général avait ordonné qu'il fût fusillé au Panthéon, à genoux, pour demander pardon à la société du mal qu'il lui avait fait. Il s'est refusé à être fusillé à genoux. Je lui ai dit :

« — C'est la consigne ; vous serez fusillé à genoux, et non autrement.

« Il a joué un peu la comédie, il a ouvert son habit, montrant sa poitrine au peloton chargé de l'exécution. Je lui ai dit :

« — Vous faites de la mise en scène ; vous voulez qu'on dise comment vous êtes mort ; mourez tranquillement, cela vaut bien mieux.

« — Je suis libre, dans mon intérêt et dans celui de ma cause, de faire ce que je veux.

« — Soit, mettez-vous à genoux.

« Alors il m'a dit :

« — Je ne m'y mettrai que si vous m'y faites mettre par deux hommes.

« Je l'ai fait mettre à genoux et on a procédé à son exécution. Il a crié : « Vive l'humanité ! » Il allait crier autre chose, quand il est mort. »

. . . .

Mon pauvre ami Millière ! Il a crié : « Vive l'humanité ! » Quelle naïveté ! Il devait crier : « Vive la mort ! C'est la délivrance ! » C'eût été un toast peu logique d'expression, mais bien logique comme sens.

20 Juin.

M. Grousset père est l'un de mes voisins ; il a, avec lui, son plus jeune fils, âgé de dix-neuf ans. Paschal Grousset est à la maison de justice, rue Saint-Pierre, avec tous les membres de la Commune qui ont échappé à la mort et qui n'ont pas pu s'enfuir : Assi, Billioray, Champy, Clément, Courbet, Ferrat, Ferré, Jourde, Lisbonne, Lullier, Rastoul, Régère, Trinquet, Ulysse Parent, Urbain et Verdure.

Ferré n'est arrêté que d'hier ou d'avant-hier. Il était caché rue Saint-Sauveur, après avoir été quelques jours caché dans le Jardin des Plantes.

M. le comte Henri de Rochefort de Luçay est aussi à la maison de justice, assimilé à ces braves communalistes qu'il déteste tant et qui le lui rendent si bien. Il doit trouver sa position plus que bizarre.

Hier, Vermorel est mort à l'hôpital militaire de Versailles, rue de la Bibliothèque, salle n° 138, lit n° 5, auprès de Lisbonne.

Mourot, Charles Quentin, Henry Maret, Maroteau sont à Satory. Le père Fontaine, Bauër, Pétiau, Humbert sont à l'Orangerie de Versailles dont on fait un épouvantable tableau.

Malon, Theizs, Beslay, Gambon, Protot, Lefrançais, Arthur Arnould, Longuet, Vésinier, La Cécilia, Ranc, Tridon, Eudes, Dupont, Mégy, Miot, Julles Vallès et Cournet sont en sûreté, dans Paris ou à l'étranger. On prétend aussi que Ranvier est encore caché à Belleville.

Raoul Rigault, Varlin, Delescluze, Antoine Arnaud, Pottier, Durand sont les seuls membres de la Commune qui aient trouvé la mort sur les barricades. Encore la *Vérité* ne donne comme certaine que la mort de Delescluze, de Varlin et de Raoul Rigault.

En revanche, on évalue à *cinquante-cinq mille* le nombre des communalistes, hommes, femmes, vieillards et enfants fusillés après la victoire. Et, chaque jour, des victimes nouvelles se découvrent.

Lettre de ma mère, bien heureuse de savoir que je vis encore, mon exécution ayant été racontée par plusieurs journaux. Pauvre mère. A-t-elle eu déjà l'occasion d'être tourmentée par suite de mes malheurs! 59-60, je suis aveugle. 61, Bâle. 62, Paris. 65, Londres. 66, Bezzecca. 68, Liverpool. 70, Mazas-Blois-Beauvais. 71, Versailles. C'est bien la mère des douleurs. Je lui envoie une longue réponse.

Zimmermann, l'auteur de la *Solitude*, a du bon. Mais quel pathos! C'est le travail d'un élève de rhétorique affligé d'un pensum. C'est un déluge incommensurable de lieux communs et de digressions embrouillées.

Ah, que je préfère le *Dictionnaire philosophique*, bien qu'il soit loin de valoir toute sa réputation. Mais, Voltaire est si beau, si grandiose par sa haine du faux, son amour du vrai, son bon cœur et son bon sens. Il est si sublime dans sa croisade contre Tartuffe religieux, politique, philanthrope, Tartuffe, enfin.

Lavigne, lui, se plonge joyeusement dans Hésiode qu'il étudie sérieusement et dont il veut entreprendre la traduction française pour Hachette ou pour Charpentier. Il a déjà traduit, pour ce dernier, *Lucrèce*.

21 Juin.

Quatrième visite de ma femme, que Mme X... accompagne.

Nos soucis financiers redoublent : notre ruine est assurée.

Ma bible, don du pasteur de Mazas, M. Rouville, m'a été apportée par ma femme. Je vais, comme l'année dernière, la lire, la relire, la méditer — en comparer les uns aux autres certains passages — parfois la consulter, parfois en rire — parfois en pleurer. En somme, c'est un livre utile pour qui commence à savoir qu'il ne peut encore rien connaître s'il n'a, au moins, lu la bible dix fois. C'est une collection d'œuvres apocryphes et de génie, colligées par des thaumaturges merveilleux dans le principe, odieusement infâmes plus tard. Ce pourrait être le livre du bien. On en fait le livre du mal. Que d'horribles, que d'ignominieuses choses il raconte sans fard! Que de belles, que de sublimes doctrines il expose en ses paraboles! La bible! Je l'aime et je voudrais la voir au feu. Elle me console et m'exaspère.

22 Juin.

Revue de la garde nationale du département de Seine-et-Oise, aperçue de notre observatoire. Des uniformes, des roulements de tambour, des conseillers municipaux ventrus et écharpés. Du vent! Qu'a fait, pendant le siège, cette troupe versaillaise? Après-demain, il y aura revue des troupes régulières par le maréchal de Mac-Mahon. Pauvre France, tes enfants aiment encore à parader, même après Sedan, après Metz, après Paris, deux fois crucifié.

Un commissaire de police, très poli, trop poli peut-être, nous a fait appeler au greffe, Lavigne et moi, pour nous apprendre notre prochain et commun élargissement. Bien que peu certains de l'authenticité de cette déclaration, ou plutôt du degré de confiance qu'elle mérite, nous nous empressons d'avertir nos femmes et nous attendons.

Lecture, à haute voix, d'André Chénier par Lavigne. O Chénier, que tu connais bien l'antiquité, tous les classiques, toute la mythologie ; et, en même temps, comme tu es expert en amour ! Comme tu décris fidèlement ses délices ! Tu es le chantre favori de Vénus et de l'Hyménée. Jusqu'à minuit, Lavigne me charme par cette lecture.

23 Juin.

Les entrepreneurs de la cantine des prisons civiles de Seine-et-Oise sont d'affreux coquins.

Je ne puis m'expliquer la grande indulgence de M. Coussiol à leur égard ; j'ai déjà dit que ce monsieur était le directeur en chef des prisons de ce département.

Tableau des prix de notre infecte nourriture supplémentaire :

Vin : 80 cent. le litre ; dans la ville, il se vend neuf et dix sous, au plus ;

Pain : 35 cent. les 500 grammes ; il n'est taxé que 28 cent. par la mairie ;

Portion de fromage : 30 cent. ; il n'y en a pas pour trois sous ;

Salade, sans assaisonnement : 30 cent. ; portion ridicule ;

Beefsteak (vache) : 75 centimes.

Le reste à l'avenant ; service horrible de malpropreté, en sus.

Si vous voulez du poisson mets extraordinaire : de 1 fr. 50 cent. à 2 francs la portion ; — une aile de poulet : 3 francs, au moins ; — un artichaut gros comme une pomme : 45 centimes.

Ne pas oublier que les bonnes sœurs sont de moitié dans ces escroqueries.

Et, surtout, ne pas trop se demander si M. Coussiol, lui-même, n'a pas sa part dans les bénéfices. Les gardiens se plaignent eux-mêmes, et assez haut, de la rapacité éhontée de ce trio de bandits, commis à la direction d'une soi-disant maison de moralisation républicaine. Mais M. Coussiol est, présentement, bien en cour ; il a pour beau-frère Champfleury. Quoi de plus ? Patience.

Lavigne et moi avons écrit ou lu toute la journée. Rien de nouveau à l'observatoire. Lu les *Associations ouvrières*, par E. Véron.

24 Juin.

Aperçu Mac-Mahon passant la revue annoncée.

Lettre de ma femme ; plus d'espoir, nous sommes ruinés. Pour sauver Brunereau, nous le laissons passer pour mort.

25 Juin.

Mon ami Ernest Lavigne et un voisin, M. Bonnange, viennent d'être relâchés. Lavigne emporte mes petites commissions. Me voilà plus tranquille; il va, lui, accomplir immédiatement ce que mes vieux camarades de dix ans d'intimité n'ont osé essayer.

M'di. — On me transfère dans la chambrée n° 28. Mes nouveaux compagnons sont : MM. Letellier, de Montreuil, dont j'ai déjà parlé; Durieu, cinquante-trois ans, administrateur des marchés et abattoirs de la Villette, accusé d'avoir conservé son poste pendant les premiers jours de la Commune, et Gaëtan Cieszkowski, ex-lieutenant-colonel, en Pologne, accusé d'être... polonais !

Dès le premier jour, MM. Letellier et Durieu obtiennent toutes mes vives sympathies. Quant au Polonais, il est très savant, mais il est très sale. Ma cellule nouvelle donne sur les cours extérieures de la prison dont je saisis enfin la disposition; c'est une succession de trois grands corps de logis reliés entre eux par une aile médiane et séparés par des cours; 1er bâtiment : administration et détenus politiques; 2e bâtiment : détenus de droit commun; 3e bâtiment : femmes;

aile médiane : réfectoire, infirmerie, chapelle. Quatre cours intérieures. Une cour, sur le devant, sépare le premier bâtiment du corps de garde, de la loge du concierge et du bureau de l'entreprise. Dans cette première cour se trouvent un magasin, un vaste atelier couvert et un petit jardin qui nous sert de préau. Les buanderies, caves, greniers, etc., sont dans les sous-sols.

MM. Durieu et Cieszkowski n'ont encore jamais été interrogés.

M. Letellier, maire de Montreuil, a été arrêté le huit mai. Sa grande faute a été d'avoir voulu faire respecter, par les Versaillais, la neutralité qui lui était commandée par les clauses de la capitulation et du traité de paix avec la Prusse. L'histoire du gendarme n'est qu'une invention des journaux honnêtes.

26 Juin.

Ma détention préventive se prolongera-t-elle longtemps? Veut-on, oui ou non, me faire interroger par un représentant de l'autorité militaire? Chaque matin, je me pose ces questions; chaque soir, je me les répète. Pendant ce temps, malade, inquiète pour la vie de son père, sans ressources, ma pauvre femme attend le bon plaisir qui doit lui rendre son mari. Et, cependant, ils veulent régénérer la France, disent-ils? Sera-ce en détruisant des ménages comme le nôtre, qu'ils arriveront à leurs fins?

Lu le *Dictionnaire philosophique* et la bible.

M. Régnier m'a fait passer la copie de ses réponses à l'interrogatoire qu'il a subi hier. Vraiment, cet homme est un aventurier de génie. Je défie qu'on le juge; il saurait compromettre trop de monde dans tous les partis.

Les bonnes sœurs et Sa Majesté l'Entrepreneur poursuivent leurs vols tolérés par le Tsar Coussiol. C'est pitoyable pour nous, mais pour eux très lucratif. Ils appellent cela : « forcer les voleurs à ne pas se faire prendre » (*sic.*) Hier, la sœur Exupérance disait à notre auxiliaire :

— Ces messieurs les communards ne devraient pas se plaindre; les détenus de droit commun ne se plaignent pas; ils savent bien, eux, que nous ne les traitons ainsi que pour les empêcher de se laisser reprendre à voler plus tard.

J'ai prié l'auxiliaire de répondre à Mme Exupérance que les loups ne se mangent pas entre eux, et que c'était pour cela que je criais ainsi contre elle. Va-t-elle comprendre? Dans tous les cas, il est original, pour moraliser des prisonniers, de les faire voler effrontément par des personnes revêtues d'un caractère religieux et officiel.

27 Juin.

Lettre de ma femme; nos misères se multiplient; Brunereau n'est pas encore à l'étranger; la santé de ma femme ne se rétablit pas.

Ecrit à mon frère pour lui demander de venir à Paris l'aider à se tirer d'affaire. Remercié ma mère qui envoie fréquemment à ma femme ses bons conseils et ses exhortations à la patience. Même chose à ma sœur, qui correspond assidûment avec nous. Allons, décidément, les femmes ont le cœur plus haut placé que les hommes et surtout mieux placé. Pour certains citoyens, amis de mes jours heureux, c'est à croire qu'ils ont le cœur entre la chute des reins et les cuisses... *Omnia mala, præter mulierem!*

M. Letellier qui va recevoir la visite de son avocat, M° Lachaud (coût : 750 francs, payables à l'avance), le priera de mettre ma correspondance à la poste.

28 Juin.

Je viens de voir ma femme; elle est derechef malade, et sérieusement. Les nerfs seuls la soutiennent. Tous ces affreux événements lui ont fait une révolution dans le sang. Ma liberté, hélas, et le salut de son père seraient ses meilleurs remèdes. Par bonheur, un de nos rares vrais amis, M. D... est son médecin; aussi, j'ai bon espoir. Mais qu'il m'est atrocement pénible d'être ici tandis qu'elle reste au lit, là-bas, ne se levant que pour venir me voir, n'ayant autour d'elle que Babette, qui est bonne fille mais peu intelligente. Quelle tristesse atrophiante !

J'emploie toute la journée à répondre, par lettre, à tout ce que m'a dit ma femme durant sa visite. M⁰ Lachaud emportera encore cette lettre, tout à l'heure. M. Letellier devant être jugé vendredi 30 courant, son avocat vient chaque soir s'entendre avec lui pour sa défense. Il s'est fait payer cher et d'avance, mais il s'occupe de son client.

Appris la mort du premier employé de M. Maurice La Châtre, libraire, 38, boulevard de Sébastopol, fusillé parce qu'il ressemblait à Félix Pyat. Berchon des Essarts, son autre sosie, n'a été qu'à demi assommé; ses fils, officiers dans la marine, sont arrivés à temps pour le sauver.

29 Juin.

Je viens encore d'écrire à ma chère malade une longue lettre d'épanchements intimes et de larmes désespérées. Puisse-t-elle lui apporter courage, résignation, patience, espoir, dans un avenir compensateur !

Ecrit aussi à mon bon ami le docteur D... et à sa si belle et si bonne femme, intime et véritable amie de la mienne. Ecrit encore à la famille J..., des travailleurs comme il en faudrait ; nous leur devons le salut de notre père. Oh, les braves gens ! Comme je les aime ! — M. Letellier fera partir tout cela.

Ma femme a vingt et un ans, j'en ai vingt-neuf, et nous nous aimons réellement. Il est impossible que l'avenir, tôt ou tard, ne nous rende quelque joie. C'est pourquoi je supporte la vie. Et, cependant, si je disais un mot, à la même heure, elle et moi nous saurions mourir, séparés ici-bas, pour nous aller rejoindre dans l'éternité, où que cette éternité puisse être. Mais nous avons confiance dans le bonheur.

30 Juin.

Rossel, l'ex-général de la Commune, est aussi à la maison de justice. J'ai suivi ce jeune homme durant ses agissements de mai dernier. Je n'en pense pas de bien, au point de vue de l'honnêteté, de la conviction. Je le regarde comme un ambitieux, comme un Bonaparte dont le coup de Brumaire n'a pas réussi. Au point de vue du droit, je pense sur son compte comme *The Times :*

« Il est accusé, dit-on, d'avoir porté les armes contre le gouvernement, régulièrement établi. — Quel était ce gouvernement? dirons-nous. Quel était le gouvernement que devait réellement servir Rossel? A peine une année s'est-elle écoulée depuis la chute de l'Empire, et l'armée actuelle était alors au service de Louis Napoléon; — le Quatre septembre, la révolution renverse le trône de Bonaparte, et cet acte, dont nous ne discuterons pas la légalité, est accepté par la nation tout entière. — Un nouveau gouvernement surgit, dit de « la Défense nationale », administré par un général insurgé, M. Trochu. Son délégué en province, M. Gambetta, accepte les services de Rossel fuyant la capitulation honteuse de Metz. Puis, enfin, vient le gouvernement de M. Thiers, contre lequel Rossel croit devoir s'insurger, dans un élan de patriotisme exalté. Eh bien, franchement, raisonnons froidement. Qui peut établir dans ce chaos d'événements, d'inconséquences et de catastrophes où commence le droit et où il finit? Le terrain d'accusation manque sous les pieds — et, à un point de vue strictement légal, Rossel qui est évidemment un caractère en relief, quand on le compare à tous ce défaillants qui continuent l'œuvre inachevée de l'Empire, et qui à tort ou à raison, croyait à une heureuse issue de cette lutte gigantesque, Rossel, dis-je, est plus fidèle à ses convictions, plus fidèle au drapeau que Gambetta, le délégué de la Défense nationale, lui a confié, en s'insurgeant contre le pouvoir de Versailles, qu'en prenant parti pour lui. »

M. Letellier vient de partir pour le 1er Conseil de guerre qui le doit juger aujourd'hui; il emporte ma correspondance que ses amis expédieront, s'il n'est pas acquitté.

M. Durieu a été enfin interrogé; il est accusé de soustraction des deniers municipaux. Comme il n'était que contrôleur et nullement receveur — comme son contrôle a été fait dans les règles — comme sa gestion a été approuvée, cette accusation l'étonne. Pas moi. M. Durieu est un républicain socialiste, il est naturel qu'on l'accuse de prévarications.

M. Cieszkowski est de plus en plus oublié. Il a été arrêté à Versailles où il venait, le 14 mai, chercher un passeport pour aller en Russie.

Un Tunisien, M. Atal, voyageur de commerce, a été, lui, arrêté, battu, volé et emprisonné, sur la route de Paris à Londres, parce qu'il portait un fez rouge et ne savait pas parler français. Il avait 17 000 francs sur lui; circonstances aggravantes. Ses 17 000 francs ont disparu. Il était en bonne santé. On lui a cassé une jambe. Ce matin, à l'infirmerie, j'ai aperçu ce malheureux à la visite du médecin; tout le monde le rudoyait, et il pleurait. Je l'ai entendu se plaindre en un charabia moitié italien, moitié arabe; j'ai demandé à lui servir d'interprète et, sa lamentable histoire connue, j'ai fait avertir l'ambassade turque par le gardien-chef.

Retour de M. Letellier ; son jugement se poursuivra demain. Le gendarme, prétendu mort, est venu témoigner en sa faveur. Il sera acquitté. Mes lettres ont été jetées à la poste. J'en prépare plusieurs autres qui partiront demain de la même façon.

Commencé la lecture de *Cæsara* de M. Paul Meurice, volume laissé par l'auteur à Cieszkowski, pour qu'il le traduise en polonais.

1er Juillet.

Je poursuis la lecture de mon roman ; je joue aux échecs ; je fais mon possible pour oublier. L'image de ma chère femme malade est toujours devant mes yeux. J'en perds le boire, le manger, le dormir, la tête.

La préface de *Cæsara* est la principale chose de cet écrit que tous les jeunes gens admireront. J'ai terminé la lecture de cet ouvrage excellent de forme, sublime de fond. Jamais je n'aurais cru Meurice capable de semblable chef-d'œuvre. C'est exquis. Billault fut bien malheureux, si *Cæsara* est réellement son masque.

Retour de M. Letellier ; il a été acquitté par 4 voix sur 7 ; sans cela, article unique, la peine de mort. Demain matin, à la première heure, il sera mis en liberté. Je lui donne ma correspondance ; il ira voir ma pauvre jeune femme et la conseillera un peu.

Notre chambre a un air de fête ; nous sommes joyeux de la justice tardive rendue à ce vieillard aimable, spirituel, plein de sens et de bonté.

Nous prolongeons la veillée fort tard et, comme distraction, nous nous amusons à faire le relevé des professions exercées par les chefs les plus influents du parti communaliste. Voici cette statistique :

Artistes : Courbet, Petiau, Pichio, Ranvier, peintres ; Billioray, Henry, rapins ; Demay, sculpteur ; Arnold, dessinateur ; Capellaro, Ostyn, statuaires.

Employés : Lefrançais, caissier ; Th. Ferré,

comptable; Dupont, Crédit Foncier; Johannard, Gérardin, Ed. Moreau, commis voyageurs; Chalain, libraire.

Etudiants : Henri Bauër, Eudes, Léo Meillet, Raoul Rigault, Regnard.

Journalistes : Arthur Arnould, J.-B. Clément, Cournet, Delescluze, Paschal Grousset, Humbert, Longuet, Maroteau, Jules Vallès, Vermersch, Vésinier, Vuillaume.

Jurisconsultes: Emile Acollas, professeur; Millière, docteur en droit; Protot, avocat; Gambon, ancien juge.

Marin : Lullier.

Militaires : Cluseret, Razoua, Rossel.

Négociants : Brunereau, Jourde.

Officiers de santé, docteurs-médecins, pharmaciens, vétérinaires : Dupas, Goupil, Parisel, Pillot, Rastoul, Tony Moilin, Miot, Régère.

Ouvriers: Amouroux, Ant. Arnaud, chapeliers; Dereure, Gaillard père, Durant, Trinquet, cordonniers; Frankeld, Mangold, bijoutiers; Genton, Theisz, ciseleurs; Avrial, Assi, Langevin, mécaniciens; Malon, teinturier; Oudet, peintre sur porcelaine; Duval, fondeur; Varlin, relieur; Collot, Ch. Dupont, Pindy, menuisiers; Vaillant, ingénieur; Bernardon, Pagnerre, fleuristes; Serrailler, feuillagiste; Portalier, bottier; Lacord, cuisinier.

Professeurs : Andrieu, Ducoudray, Fontaine, Mourot, Verdure, La Cecilia, Bonnefont.

Publicistes : Beslay, Blanqui, Félix Pyat, Rogeard, Tridon, Flourens, Maurice La Châtre, Gromier.

2 Juillet.

Ce matin, M. Letellier est parti à dix heures du matin, après nous avoir tous paternellement embrassés. A midi, on nous l'a ramené. Son ordre d'élargissement n'avait pas encore était signé par ces messieurs de la Justice militaire. Le cher homme est dans un état de stupeur bien naturel. Il a pu, quand même, expédier mes lettres, grâce au dévouement et à l'intelligence de la personne qui le vient voir chaque jour depuis son arrestation.

M. Durieu vient enfin de recevoir la première visite de ses enfants. Jusqu'à ce jour, on avait eu l'infamie de leur refuser une entrevue même si courte.

Un grand remue-ménage se produit dans la prison; dans les cours intérieures affluent un nombre assez considérable de prisonniers dont les figures sont peu rassurantes. On nous apprend que cette maison devient centrale, que ces arrivants sont des prévenus qui vont passer en Cour d'assises et que notre transfert est prochain. En effet, à 4 heures, MM. Durieu, Sotaz, Mage-Nouguier, Grousset père et Grousset fils, cadet, sont transférés, avec moi, cellule n° 23. M. Letellier reste provisoirement seul. M. Cieszkowski est réuni au groupe d'officiers fédérés qui composent la chambrée n° 24; parmi eux sont MM. Fossé, aide de camp d'Assi; Pallas, agent comptable; Renaud, capitaine adjudant-major. — De part et d'autre, au 23 et au 24, nous sommes entassés comme des harengs et vivons parmi des insectes aussi dégoûtants que nombreux. Ah, que la République versaillaise est belle.

3 Juillet.

Reçu une lettre de mon parent, Paul Maritain, qui me promet son patronage auprès de ces messieurs de la Justice militaire dont il va presser les agissements. — Bonne lettre aussi de ma femme qui me rassure : sa santé s'améliore et son courage se maintient. Lettre encore de mon frère qui ne peut, malheureusement, venir à Paris, mais qui enverra sa femme. — Félix Pyat est, à présent, caché, près des fortifications, du côté du Parc Monceaux. — Brunereau est toujours à Saint-Mandé-Vincennes.

Ma cellule nouvelle donne, derechef, sur l'Avenue de Paris. J'aperçois M. Régnier à sa promenade du matin; il est toujours aussi coquet, aussi vert, aussi vif. — M. Laluyé, qui le remplace au préau, s'abat de plus en plus sous le poids de son infortune abominable; il m'a aperçu et m'a salué.

Notre chambrée vivra en parfaite harmonie. Déjà MM. Grousset nous ont raconté leurs tribulations ; MM. Sotaz et Mage-Nouguier ont suivi leur exemple. M. Sotaz (suisse) était aide de camp de Delescluze ; M. Mage-Nouguier, ex-officier de marine, était chef de bataillon. Ni M. Mage-Nouguier ni M. Sotaz n'ont encore été interrogés. MM. Grousset l'ont déjà été deux fois.

Cette journée a passé vite : tout nouveau, tout beau. Lecture, correspondance, racontars, jeux divers ; nous avons veillé jusqu'à onze heures.

4 Juillet.

Terminé, aujourd'hui, la lecture du *Dictionnaire philosophique*. Décidément, cet ouvrage a été surfait ; certains passages, aujourd'hui, ne supportent pas l'étude d'un homme un peu instruit en sciences exactes. Et pour ce qui est du républicanisme égalitaire de M. Arouet, il n'existe pas même. Par exemple, ah, par exemple, la fraternité gentilhommière, le scepticisme, la raillerie, le bon sens, la saine raison, l'amour du prochain faible (Voltaire aimait à protéger), l'esprit et le caractère gaulois se dessinent merveilleusement à chaque page de son livre.

Dix mille lignes du *Dictionnaire philosophique* de Voltaire méritent l'immortalité. Oui. Mais, il en reste neuf cent mille autres.

5 Juillet.

Ce matin, M. le capitaine Damelincourt, gentleman de trente-sept ans environ, instructeur près le 3ᵉ Conseil de guerre, m'a fait mander au Palais de Justice où j'ai, enfin, subi un interrogatoire sérieux. J'en reproduis comme suit tous les détails :

— Vos noms, prénoms, âge, lieu de naissance, filiation, profession, état civil et domicile ?

— Gromier, Marc-Amédée, trente ans, né le 7 octobre 1841 à Bourg-en-Bresse (Ain), de Joseph-Horace et de Félicité Feuilliet ; — journaliste, marié le 10 novembre 1870, au IXᵉ arrondissement ; — demeurant, depuis avril, 144, rue Lafayette.

— Où et quand avez-vous été arrêté ? Et de quoi étiez-vous alors accusé ?

— Chez moi à 5 heures du soir, le 28 mai, sous prévention d'avoir été secrétaire de Félix Pyat et d'avoir avec lui des relations presque filiales.

— Avez-vous été déjà condamné ?

— Deux fois : le 31 décembre 1869, à un mois de prison et 200 francs d'amende pour avoir fait partie du bureau d'une réunion publique avec Ferd. Gambon et Garreau ; — et, le 7 août 1870, à cinq ans de prison pour avoir lu le toast, *A la balle*, de Félix Pyat, aux convives du banquet des Libres Penseurs, à Saint-Mandé, le 21 janvier précédent.

— Faites-vous partie de l'Association internationale des Travailleurs ?

— Mon nom n'est pas inscrit sur ses registres ; mais ses membres principaux sont mes meilleurs amis.

— Avez-vous fait partie du Comité central de la Fédération ?

— Non.

— Avez-vous fait partie de la Commuue en tant que membre élu?

— Non.

— Avez-vous occupé une place quelconque sous la Commune?

— Non.

— Faisiez-vous partie de la Garde nationale fédérée?

— Non.

— Votre beau-père, Brunereau, en faisait-il partie?

— Je n'ai pas à vous parler ici de Brunereau, mais de moi.

— Dans quels journaux de la Commune écriviez-vous?

— J'ai publié, le 21 mars et jours suivants, dans Le *Rappel*, Le *Siècle*, et Le *National*, des appels à la conciliation. De mars à mai, j'ai publié dans La *Vérité* les *Lettres d'un bon Rouge*. Pendant mai, j'ai, chaque jour, fourni au *Vengeur* des traductions des journaux étrangers.

— Si vous n'avez plus rien à me dire, vous pouvez vous retirer.

— Je vous salue.

On me reconduit à la prison et, assez satisfait de la tournure que prend mon procès, je raconte mon interrogatoire à mes compagnons qui, comme moi, sont d'opinion favorable sur l'issue de mon affaire.

Sept heures du soir. — Ordre imprévu. Tous les prévenus politiques détenus en la maison de correction, hormis M. Regnier qui relève, dit-on, des assises, seront transférés, de suite, au camp de Satory, bâtiment C.

Nous partons, escortés par un régiment de ligne ; nous traversons encore une fois Versailles et on nous parque, comme des bestiaux, en ce fameux bâtiment C, dans les Docks. Décidément, la République versaillaise est belle. Barbieux, Laluyé, Letellier, Gaétan, les Grousset, Sotaz, Mage-Nouguier, Fossé, Pallas, Amouroux (pas le membre de la Commune, un simple homonyme) sont avec moi.

J'ai eu, toutefois, avant de quitter la maison de correction, la satisfaction de voir M. Atal mis en liberté, sur la réclamation de son ambassadeur. Mais, ses 17 000 francs restent inconnus. Leur détenteur ne s'est pas déclaré. Voilà un Turc qui doit bien estimer la justice militaire franque. Nadar va cacher Pyat dans son pavillon de la forêt de Sénart.

VI

LES DOCKS DE SATORY

6 Juillet.

Ce matin, à peine avais-je commencé mon installation que j'ai reçu la visite de ma femme, accourue à la triste nouvelle de mon retour à Satory. J'étais assez mal vêtu, contre mon ordinaire ; à l'aspect de mon accoutrement et surtout à la vue du tableau que présentent les Docks, ma pauvre femme s'est mise à pleurer à chaudes larmes, pour la première fois depuis qu'elle vient me voir à Versailles. J'ai pu la prendre dans mes bras, la consoler, l'embrasser pendant quelques précieuses, mais courtes minutes. Hélas, comme la malheureuse a changé de physionomie ! Depuis le 28 mai, je n'avais pu la voir à l'aise. Aujourd'hui, environ 3 000 personnes nous entouraient ; c'est égal, nous avons profité avec bonheur de cette facilité d'épanchements directs et intimes. Le gendarme qui se tenait près de nous, était un brave homme ; il pleurait presque de nous voir ainsi nous réconforter mutuellement.

Une infamie : ma femme m'avait apporté deux petits carnets de poche qu'elle m'avait donnés en 1869 et en 1870 et qui renferment certains souvenirs antérieurs à notre mariage, notamment une photographie de Mlle Brunereau, ma fiancée. M. Mareau, lieutenant de la garde dite républicaine, chargé d'accomplir, comme un argousin qu'il est, la fouille des visiteurs à leur entrée, s'est permis de confisquer ces carnets. Jusque-là, rien d'infâme ; ce chenapan pouvait croire ces carnets dangereux. Mais, ledit Mareau a eu l'ignoble indélicatesse d'appeler autour de lui quelques autres officiers, lâches comme lui, et, tandis que ma femme, muette d'indignation et de rage, restait bouche béante devant lui, M. Mareau faisait comparer, par son entourage, l'original à la photographie, le portrait de Mlle Brunereau à la figure de Mme Gromier. Ma femme a eu l'esprit de ne point me raconter cette monstruosité ; je ne l'ai sue qu'après son départ. Un sous-officier de la ligne m'en a rapporté tous les détails. J'attends le retour de ma femme et, si les deux récits sont identiques, je me plaindrai au général Appert.

Reçu de M° Bigot une charmante épître dans laquelle cet avocat me demande de le choisir pour mon défenseur, si l'on me juge.

M. Laluyé a cercle ouvert, dans un coin du bâtiment C; Jules Favre, s'il était là, pourrait ouvrir les oreilles.

M. Grousset père a été pris d'un de ses habituels accès d'hypocondrie ; depuis hier soir, il n'a encore parlé à personne, pas même à son jeune fils, superbe garçon plein d'esprit et de santé.

M. Letellier n'est pas encore revenu de son ébahissement et, quoique acquitté, déjà depuis six jours, il est toujours prisonnier,

Huit heures du soir. — Allons, au chenil, républicains!

7 Juillet.

Les Docks de Satory sont une succession d'immenses cours, clôturées par de hautes murailles auxquelles sont adossées des constructions de diverse nature. Nous sommes dans la Cour n° 1, renfermant les Hangars, ou Bâtiments A, B, C, D, et nous occupons l'avant-dernier; il a quinze mètres de largeur sur quarante de longueur et huit de hauteur, ce qui produit une contenance de 4 800 mètres cubes d'air. Or, nous sommes 400 détenus dans ledit bâtiment C; nous avons donc seulement douze mètres cubes d'air à respirer chacun et, pour établir nos lits qui consistent en une botte de paille et une couverture, il faut nous partager une surface de 600 mètres carrés; total : un mètre carré et demi par personne. Heureusement, durant le jour, nous avons, devant notre bâtiment, un espace découvert d'environ 2 000 mètres carrés pour nous promener, organiser notre cuisine, faire notre toilette, vivre au grand air, enfin.

Voici quelle est notre vie :

A huit heures du soir : rentrée au hangar et coucher immédiat, avec défense d'avoir de la lumière, de fumer et de causer à son voisin, sinon à voix basse. Une sentinelle a l'ordre de faire feu sur les délinquants. Depuis environ quinze jours, toutefois, si les ordres n'ont pas été changés, du moins leur exécution est moins rigoureuse ; quatre prisonniers seulement ont été tués ou blessés pour désobéissance. — A quatre heures du matin : réveil ; ablutions et toilette dans la cour ; pas de fontaine, mais de l'eau dans des cuves. Pas de water-closets, mais des cuves béantes dans un coin. — A cinq heures : café noir, fourni en poudre et préparé par les prisonniers. — De six à neuf heures, vaguemestre. — A neuf heures : soupe grasse, fournie en conserves et préparée par les prisonniers ; viande conservée et biscuits. — De dix à trois heures :

appel à l'instruction ou au médecin. — A trois heures : deuxième soupe. — De quatre à sept heures : vaguemestre. — A sept heures : deuxième café.

On le voit, sous le rapport de la nourriture, Satory est supportable. Dans le bâtiment C, principalement, on ne peut se plaindre; les 400 détenus sont divisés en quarante escouades de dix ; chaque escouade a son chef répartiteur et fournit, à tour de rôle, le chef cuisinier répartiteur-général. De la sorte, les repas sont bien réglés et les portions bien distribuées.

Hier, j'ai été nommé dictateur du hangar; j'ai donc commencé par prendre les noms des quatre cents et les ai affichés à la porte, afin que le vaguemestre, apportant le courrier, le gendarme appelant aux visites, et le garde républicain appelant à l'instruction, sachent trouver plus facilement ceux à qui ils ont affaire. Ensuite, j'ai vérifié les escouades et choisi un chef cuisinier répartiteur-général permanent et payé par la masse, lui adjoignant quatre aides également payés.

Puis, j'ai nommé, après mûres réflexions, un garde-vivres qui centralisera les aliments apportés du dehors par nos visiteurs. Après quoi, j'ai fait voter, à la presque unanimité, la mise en commun de tout notre argent de poche, désormais destiné au bien-être général. Enfin, après avoir encore fait voter le maximum et le minimum des dépenses journalières de la communauté, à la cantine, j'ai déposé, ce matin, mes pouvoirs; — et, maintenant, dans le bâtiment C, il n'y a plus ni riches ni pauvres; nous sommes tous égaux dans le malheur et vivons fraternellement, servant d'abord les plus âgés et les malades, leur réservant la meilleure part, ayant un bureau pour la correspondance, un bureau de consultations judiciaires, un bureau de renseignements généraux, un cabinet de lecture, des jeux de toute sorte, un tailleur, un cordonnier et un chapelier. travaillant tous les trois pour la communauté et à ses frais. J'oubliais d'ajouter à ma liste, cinq hommes de peine payés aussi par la caisse commune

Demain, je relaterai le menu du jour, et citerai quelques noms.

8 Juillet.

Lettre de ma femme. M. Duret, commissaire de police, a fait hier matin une minutieuse perquisition en mon logis. Il est chargé d'ouvrir une enquête sur ma conduite durant la Commune.

M. Mareau s'est, en effet, rendu coupable de l'infamie relatée plus haut. Séance tenante, j'envoie ma plainte au général Appert.

Ma femme, en sortant de Satory, avant-hier, est allée demander mon transfert des Docks à la maison de justice; on le lui a promis.

N'était qu'à la maison de justice je vais pouvoir travailler, je suis presque ennuyé de rentrer à Versailles, car ici nos lettres partent et arrivent de Paris et à Paris, dans les vingt-quatre heures. Puis, vraiment, on peut se distraire au bâtiment C plus qu'ailleurs. MM. Laluyé, Grousset père et fils, Costa, Letellier, de Montreuil, Durieu, Barbieux, Sotaz, Mage-Nouguier, Cieszkowski, Kurtz père et fils, architectes, Baron, banquier, Thibault, Vaissier, ingénieurs, Fossé, Pallas, Renaud, Amouroux négociant, etc., sont de bons camarades avec lesquels je passe assez vite la journée.

D'autre part, le père Müller, un gendarme âgé de soixante-deux ans, nous achète les journaux que nous désirons et nous les apporte en cachette. Enfin, le cantinier est fort habile et très honnête, si bien qu'avec de l'argent, les prévenus peuvent tout avoir. Au bâtiment C, en suite de notre organisation, tout le monde peut affranchir ses lettres, boire un verre de vin chaque jour, et ajouter du beurre, du saucisson et des œufs durs, avec du pain blanc, à l'ordinaire fourni par la république versaillaise. Bien plus, les vieillards et les malades ont, en sus, le matin, du chocolat, et le soir, un autre verre de vin avec du sucre; toujours, bien entendu, aux frais de la communauté des quatre cents.

Quatre heures. — M° Lachaud vient délivrer M. Letellier. Enfin. En une seconde, une manifestation est organisée dans notre troupe; tous, chapeau bas, mouchoirs flottant en l'air, nous formons la haie sur le passage du respectable vieillard, notre doyen, qui nous embrasse et nous quitte en pleurant. Les détenus des bâtiments B et A, avertis, nous imitent, si bien qu'on croit à une émeute au corps de garde, et que M. le capitaine Maudhuy, gouverneur de Satory, accourt avec son revolver et son grand sabre. Mais, bernique. Tout est déjà dans l'ordre. M. le capitaine Maudhuy est furieux; il espérait pouvoir, suivant son habitude, faire fusiller quelque dix ou quinze communards. Ce Maudhuy est une véritable brute. Je ne connais pas de mot plus significatif pouvant lui être attribué.

9 Juillet.

Admirable lettre d'Emile Acollas qui m'offre un asile pour ma femme, à Berne, où il professe le droit. C'est Emile Acollas qui fut mon conseil lors du procès de Blois; c'est lui qui rédigea pour moi ces conclusions honnêtes, rigoristes, audacieuses, que j'ai eu l'honneur de lire à MM. les saltimbanques de la Haute-Cour.

Longue réponse à cet excellent citoyen et bienveillant ami. En même temps, lettre à ma chère femme; je lui copie ce passage extrait de *Marguerite,* ouvrage de Mme Emile de Girardin :

« Qu'il est doux d'être aimé. Tout le monde a dit cela et tout le monde l'a pensé, et cependant, si l'on était de bonne foi avec soi-même, chacun avouerait que toutes les inquiétudes, tous les orages, toutes les larmes, toutes les angoisses, tous les remords de sa vie lui sont venus de ce bonheur si doux. Un amour noble et pur inspire plus d'envie que tous les honneurs, toutes les richesses et toutes les puissances de la terre. Etre aimé, c'est de tous les succès celui qu'on pardonne le moins. Le véritable amour attire les tempêtes du monde comme les hauts rochers attirent les tempêtes des cieux. Deux êtres qui s'aiment, ce sont deux parias, mais des parias qu'on envie. La société tout entière se ligue contre eux. Ils se tiennent par la main, ils se regardent avec confiance, et chacun dit à l'autre en même temps : « Je ne te quitterai pas. » Mais bientôt les ennemis et les ennemies fondent sur eux de toutes parts. Et la lutte s'engage, terrible. Et si, par hasard, l'amour résiste à tant de rage, s'il est tellement dévoué, exclusif, que rien ne puisse l'altérer, alors c'est le Destin lui-même qui vient vous poursuivre de ses coups : les revers les plus cruels vous accablent; l'exil, la ruine, le devoir fatal vous séparent violemment. Enfin, si l'amour courageux brave encore de tels coups, s'il affronte l'exil, la ruine, s'il brave tout, si la flamme du cœur est tellement ardente que rien ne puisse l'atteindre, c'est la mort elle-même qui se charge de l'étouffer. Oui, l'amour ne peut vivre que par la souffrance; il cesse avec le bonheur, car l'amour heureux, c'est la perfection des plus beaux rêves, et toute chose parfaite ou perfectionnée, touche à sa fin. Donc, la vérité, la voici : c'est le contraire de ce qu'on invente. Etre aimé, c'est vivre de tourments. »

Un pauvre diable, Gillot, d'Avesnes (Nord), a été élargi, ce soir, grâce à moi; je vais en être heureux huit jours. Sotaz est triste : nul ne s'intéresse à son sort. Et Mage-Nouguier est toujours sans nouvelles de sa femme. M. Grousset père a dû être transporté d'office à l'hôpital.

MM. Barbieux, du *Rappel,* et Thibault, maître d'hôtel à Joinville-le-Pont, sont les plus gais du hangar. — M. Laluyé poursuit le cours de ses conférences publiques sur M. Jules Favre. Son auditoire augmente chaque jour; il raconte si bien et il dit si vrai. — M. Kurtz père, lui, divulgue l'histoire de Mme Vernier-Jules Favre.

10 Juillet.

Cent d'entre nous sont partis, ce matin, pour Brest. Nul des partants n'a eu le temps d'écrire à Paris. Pour ma part, je me suis chargé d'aviser dix-sept familles; les cent seront ainsi prévenues dans les quarante-huit heures.

Amouroux, négociant, est transféré à l'Orangerie. Mage-Nouguier a des nouvelles des siens. Sotaz reçoit des vêtements que lui a achetés ma femme. Grousset fils, cadet, conserve sa santé; il a eu, hier, des détails sur la situation de son frère Paschal. Durieu se désespère. Cieszkowski parle toujours bataille. Barbieux persiste à être le boute-en-train du bâtiment C. — Ulysse Parent, Cavalier, Charles Quentin, Grandet, Eygasier, du 74°, etc., sont dans le bâtiment D. — M. Baron, le banquier, nous amuse beaucoup par ses fureurs intermittentes contre le gouvernement français. M. Baron est Prussien; il sera bientôt élargi.

Midi. — Cent détenus nouveaux nous arrivent; ce sont tous des officiers de la garde nationale, arrêtés dans les quinze derniers jours seulement. Nul d'entre eux n'a de notoriété; très peu, bien sûr, seront jugés; la plupart faisaient partie de la garde nationale sédentaire. Je retrouve dans leur nombre: MM. Jaime, auteur-vaudevilliste; de Sivry, compositeur de musique; Godinot, du procès de Blois.

Six heures. — M. Maudhuy, gouverneur des Docks, me fait venir en sa présence pour m'avertir qu'il ne peut tolérer le communisme qui se pratique dans le bâtiment C.

Répondu, poliment, que, le matin même, M. le colonel Gaillard, lors de sa visite d'inspection, avait dit à voix haute : « Au moins, dans ce bâtiment, on sait vivre en famille. »

— C'est bon! C'est moi qui gouverne ici, non le colonel. Demain, vous quitterez Satory.

Répondu encore que, depuis trois jours, mon transfert à la maison de justice était décidé en principe.

— Vous avez de la chance. Sans cela, demain, je vous expédiais à Brest.

Ce soir, de huit heures à minuit, conversation intéressante avec M. Laluyé, mon voisin, qui s'est décidé à m'expliquer sa position. Il est ici, non pour avoir pris n'importe quelle part aux événements de la Commune, mais simplement pour avoir, jadis, sous le premier siège, fourni à Millière les preuves des crimes de Jules Favre.

Jules Favre l'a fait arrêter comme communard, il est vrai ; mais, depuis l'arrestation, il a subi plusieurs interrogatoires et toujours on lui a assuré que non seulement on n'avait rien à lui reprocher, mais encore qu'on ne pouvait trouver, malgré toutes les recherches, le premier mandat original en vertu duquel il avait été appréhendé. Révélations curieuses subséquentes.

Je raconte à mon tour, à M. Laluyé, ma parenté éloignée avec Maritain ; — le service que j'ai rendu à Jules Favre, pendant tout le premier siège, en obtenant de Félix Pyat un délai, chaque jour augmenté, pour la publication du dossier réuni par Millière ; enfin, les intrigues du belge Odilon Delimal, beau-frère de Lambrecht. *Et cætera ;* car j'en sais long ; moi aussi. Stupéfaction de M. Laluyé qui me remercie d'avoir eu la discrétion d'attendre ses confidences, sans les provoquer. Puis, finalement, en prévision des événements, arrangements nécessaires. M. Jules Favre, cette fois, peut être sûr d'être démasqué tôt ou tard.

11 Juillet.

Au matin, M. Laluyé me renouvelle ses communications et les précise davantage. A peine avions-nous terminé notre conciliabule, que je suis enlevé du hangar, et conduit, menottes aux mains, à la maison de justice, par deux gendarmes à cheval, sans avoir eu même le temps de rassembler mes bagages et de faire mes adieux à mes compagnons. Un commissionnaire m'apportera mes effets laissés à la garde de M. Laluyé.

En entrant dans la maison de justice, je me croise avec Lisbonne qui en sort, sur un brancard, pour aller à l'hôpital, sa blessure ayant pris un caractère inquiétant.

VII

A LA MAISON DE JUSTICE

11 Juillet.

Cellule n° 12. Un lit passable, une table et un banc, un rayon en bois blanc pour supporter mon petit matériel, un bassin avec un robinet d'eau, à volonté, des lieux d'aisances convenables, une cruche et un gobelet avec une cuillère en bois ; enfin une fenêtre s'ouvrant à moitié du dehors, au gré du gardien, telle est la description de ma boîte en pierre.

D'abord, deux mots à ma femme pour lui donner avis de mon transfert. Puis, expédition d'un commissionnaire à Satory. Il revient sans mes bagages que Maudhuy veut garder pour je ne sais quels motifs. Heureusement, demain, ma femme mettra ordre à cette lubie.

Retrouvé, parmi les gardiens de la maison de justice, Alain et Masson, ex-gardiens des prisons de Paris, jadis délégués à Blois, au château, lors de mon jugement devant la Haute-Cour.

Reçu la visite du directeur, M. Coussiol, précité, le pire Escobar de France et de Navarre. Il m'apprend qu'en raison de la gravité des peines infligées à ses... locataires, il est obligé, pour éviter des suicides, de mettre durant la nuit une veilleuse, dans chaque cellule, et une sentinelle avec un gardien devant chaque porte. De plus, chaque soir, on m'enlèvera mon couvert de table et tous mes instruments piquants ou tranchants, qui me seront rendus le matin. Pour le reste, il espère qu'il réussira à ne me laisser manquer de rien.

Je remercie le digne homme et bientôt je m'endors. Punaises à la rescousse. Elles sont plus nombreuses encore qu'à la maison de correction. Décidément, rien ne vaut Mazas ou la Santé, comme bastilles propres.

12 Juillet.

Visite de ma femme qui a été me chercher, d'abord à Satory. Comme elle a une voiture, je la prie de remonter aux Docks et d'y réclamer mes effets. A son retour, elle me raconte que M. Maudhuy, ayant ouvert ma malle, et y ayant trouvé une couverture, avait cru à un... vol et avait fait dresser procès-verbal en conséquence. L'imbécile n'avait oublié qu'une chose : regarder si cette couverture m'appartenait ou appartenait à l'Etat. Ma femme, paraît-il, a parlé à cet homme, si bien qu'il voulait la garder prisonnière. Mais elle n'a pas perdu son sang-froid, lui a donné son nom et son adresse, puis : « Fouette, cocher! A la maison de justice! » — Maudhuy était bleu de rage. Pour la première fois, une communarde se moquait de lui.

Nos ennuis financiers sont toujours les

mêmes. Par bonheur, comme santé, ma femme peut enfin me délivrer d'inquiétude. Quant au père Brunereau, il est toujours à Saint-Mandé. Et pour Pyat, Nadar s'en charge ; or, Nadar est un cœur d'or.

Le parloir de la maison de justice est propre, mais encore plus affreux comme incommodité que celui de la maison de correction. Satory vaut mieux, sous ce rapport.

M. Ernest Lavigne va partir pour Saint-Pétersbourg, comme professeur de français à l'Ecole des Cadets. Il a fait toutes mes commissions.

M. Letellier a accompli de même tout ce qu'il m'avait promis. Ma femme ira, dimanche, dîner chez lui, à Montreuil-les-Pêches.

La nourriture, ici, ne vaut pas Satory encore ; c'est la même qu'à la maison de correction, avec cette différence qu'elle est à peu près froide, se préparant à ladite maison, avenue de Paris, et se mangeant rue Saint-Pierre où il n'y a ni cuisine, ni cuisinier. Même chose pour la cantine. De plus, ici, on ne laisse pas entrer les vivres du dehors, toujours par mesure de précaution.

13 Juillet.

Lettre à ma chère femme suivant ma quotidienne habitude et billet à M. Damelincourt, mon capitaine-instructeur, pour qu'il m'élargisse ou termine mes interrogatoires au plus tôt. Remercié Bigot qui m'a envoyé des livres.

Pris un bain dans une étuve un peu plus propre que celle de la maison de correction, mais bien sale comparée à celle de la Santé ou de Mazas.

Ma promenade a lieu dans un préau cellulaire très bien imaginé. Je reconnais, d'ailleurs, qu'on a su tirer un excellent parti de l'ancien chenil des meutes de Louis XIV, sur l'emplacement duquel est bâtie ma nouvelle geôle. Impossible au détenu de rompre le secret auquel il est condamné; je n'ai pas encore aperçu l'ombre de mes camarades de cellule et je ne vois même pas la figure des auxiliaires qui m'apportent à manger. Quant aux gardiens, de temps à autre, ils mettent leur visage à mon guichet. Le silence le plus absolu règne dans la maison. Certes, je vais rêver tout à l'aise.

Entrepris avec du phénol-bobœuf, de l'acide acétique et du vicat, l'assainissement et le nettoyage de ma cellule, surtout de mon lit.

14 Juillet.

Visite de M. Passa, pasteur protestant, jeune homme très intelligent et fort aimable. Il a un défaut : il s'appelle Théodore et ressemble plutôt à un juif qu'à un disciple de Luther. Rossel et moi sommes ses seuls clients ; mais il attend l'arrivée de Cavalier.

Aperçu, au préau, le nom de Mourot gravé sur le mur. Encore un grand criminel. Il a servi de secrétaire à Rochefort. Que la justice de ce monde est amusante !

Je n'ai plus que trois francs en caisse. Depuis mon arrestation, 28 mai, j'ai dépensé, sans être bien, 202 francs. Allons, messieurs les entrepreneurs, bravo! Vous savez faire danser l'anse.

Lettre de ma femme, bien heureuse de me sentir en sûreté dans ma cellule. Les mitrailleuses de Satory lui faisaient trop peur... Nos affaires périclitent toujours; M. Guérin et M° Segond sont à la veille de recevoir le prix de leurs machinations éhontées, en attendant que, tôt ou tard, mon tour de justicier arrive. Soyez certains, fripons, que ce bien mal acquis ne vous profitera pas.

J'ai dit plus haut que Cavalier, Quentin et Parent étaient à Satory, au bâtiment D; mon renseignement était inexact; ces trois citoyens sont ici, du moins Cavalier et Ulysse Parent que j'ai vus revenir du préau.

15 Juillet.

Vu encore, au préau, Mourot et Ch. Quentin; puis Parent qui a l'air fort soucieux. Les assises ont lieu dans le bâtiment qui longe le préau; j'ai entendu l'appel des jurés et j'ai vu l'accusé qui attendait sa comparution. Il était vêtu comme un dandy et avait un municipal pour gardien. Il m'a dit bonjour par le soupirail qui éclairait sa cellule d'attente et m'a demandé mon nom. Répondu que je m'appelle : *Paris-Libre*. Il n'a pas paru comprendre.

Que les heures sont longues! L'année dernière, à la Santé, à Mazas, je supportais la cellule. J'étais garçon, alors; nul n'attendait après moi, et ma fiancée avait une santé florissante. Cette année, l'idée fixe de la terrible situation de ma femme m'accable et me tue. Ma tête s'en va. Ah, si je pouvais obtenir mon retour à Satory, comme je supplierais qu'on m'y ramenât! Je me meurs, ici, de noirs pensers et de consomption morale.

Réellement, sous l'Empire, la justice était moins injuste. Est-ce assez cruel, républicain comme je le suis, d'avoir à parler en ces termes de la justice dite républicaine! Nouvelle visite de M. Coussiol; cet homme a une singulière audace. Il feint, pour ses détenus, une affection paternelle et s'efforce de leur tirer les vers du nez, suivant une expression triviale, mais juste. Si mes aveux me compromettent, Coussiol, tu seras malin. Porte ailleurs ton patelinage.

16 Juillet.

M. Damelincourt, mon capitaine-instructeur, m'a fait subir, ce matin, ce troisième interrogatoire :

— Lorsque au 5 septembre 1870, vous sortîtes de la prison de Beauvais, que devîntes-vous?

— Je rentrai à Paris, 11, rue Notre-Dame-de-Lorette. Là, toujours malade des suites de mes blessures de février, je gardai la chambre, occupant mes journées à travailler à la rédaction du *Combat* et du *National*.

— Et après votre guérison?

— Je fus élu, par 1564 voix sur 1576 votants, chef du 74e bataillon de la garde nationale.

— Aviez-vous donc été déjà militaire?

— J'avais fait toute la campagne du Tyrol, en 1866, sous les ordres de Garibaldi, pris part à onze engagements, reçu trois blessures.

— Qu'avez-vous fait de 1867 à 1870?

— Précepteur à Ambérieu-en-Bugey (Ain) jusqu'au 15 juillet 1868, j'ai collaboré au *Progrès* de Lyon, puis rédigé, avec l'adhésion écrite de M. Thiers, le *Programme d'une Union libérale* qui m'a fait proscrire à nouveau, car je l'avais été déjà en 1865. Réfugié derechef à Londres, j'ai dirigé la partie française du journal *the Glowworm*. Rentré en France après l'amnistie, j'ai été rédacteur-sténographe au *Rappel* et secrétaire de Félix Pyat jusqu'au 8 février 1870.

— Après le 31 octobre, n'avez-vous pas été révoqué de vos fonctions de commandant?

— Oui, pour participation à l'envahissement de l'Hôtel de Ville et, surtout, à cause de ma liaison avec Pyat.

— Fûtes-vous réélu par votre bataillon?

— Oui, trois fois, et même nommé lieutenant-colonel par Clément Thomas; mais j'ai décliné ces honneurs et me suis marié.

— Qu'avez-vous fait du 10 novembre au 18 mars?

— Des traductions pour les divers journaux de Paris; puis diverses publications périodiques : *le Salut de Paris, la République sauvée, la Patrie en deuil.*

— Je n'ai plus qu'une question à vous poser. Reconnaissez-vous avoir écrit, le 20 mars 1871, la lettre suivante au Comité central?

— Inutile de me la lire; c'est bien elle; je la reconnais.

— Comment l'expliquez-vous?

— C'est dans un but d'utilité publique, et autant pour prévenir tout désordre intérieur que toute surprise des Prussiens, que je donnai ces conseils à la seule autorité existante alors dans Paris, par le fait de la fuite de M. Thiers et du gouvernement, à Versailles.

— Quels sont, à ce propos, vos témoins à décharge?

— MM. de Beauvais, docteur-médecin; Husson, du *National;* Portalis, de la *Vérité;* Desmarest, ancien maire du IXe arrondissement; Rousset, du *National* et du *Moniteur financier;* Chanloup, du *Siècle;* Merlot, imprimeur; Bosset, chef de bureau à la mairie du IX°.

— Très bien; si vous êtes jugé, ces témoins seront assignés.

— Je vous salue.

On me reconduit à la maison de justice et je regagne ma cellule, fort inquiet de la trouvaille de ma lettre du 20 mars.

Je suis sans le sou. Résolu à ne point en avertir ma femme, j'essaye de vivre de l'ordinaire de la prison : eau claire, pain noir et deux soupes maigres. J'en serai quitte pour mieux digérer.

L'aumônier catholique me vient voir et me semble un digne homme. Il s'appelle l'abbé Follet.

Le gardien-chef de la prison, un sot, s'appelle Crépatte.

Bigot m'a encore expédié une caisse de livres nouveaux.

Je suis un peu enfiévré et me couche de bonne heure. Mais mon lit, exclusivement composé d'une paillasse et d'un traversin, ne peut guère reposer mes membres endoloris, énervés.

17 Juillet.

Je regrette de n'avoir pas assez noté hier l'empressement de l'aumônier catholique, M. Follet, à venir se mettre à ma disposition pour essayer d'activer mon affaire. C'est un brave cœur.

Je suis, décidément, malade. Ma nuit a été affreuse. Ni soif ni appétit; des palpitations suffoquantes...

Que Michelet m'ouvre un horizon vaste et fertile! Son *Histoire de la Révolution* m'apporte tout un monde nouveau. J'admire, surtout, son avant-propos et son chapitre sur la Fédération. Enfin, j'ai donc rencontré, écrit par une autorité, tout ce que je pense depuis cinq ou six ans. Je suis d'accord avec Michelet; quelle découverte! Allons, maintenant, j'aurai un peu plus de confiance en mes instincts, en mon idéal, en ma conscience dirigeant tous mes sentiments. Depuis 1865, je crois, je pratique, je cultive *in petto* tout ce que Michelet professe.

Reçu de M. le colonel Gaillard avis que le lieutenant Mareau a été mis aux arrêts, pour sa grossièreté envers ma femme, et que mes carnets séquestrés indûment par ce lâche personnage, me seront rendus.

18 Juillet.

Encore une nuit blanche. C'est la treizième. Aussi, mon abattement physique commence à se dessiner. Je vais essayer de relire les *Voyages du capitaine Cook.* Depuis avant-hier matin, je ne vis absolument que du régime officiel de la prison : eau, pain noir et deux soupes. Jusqu'à présent il me suffit amplement. La chaleur est étouffante et, comme je n'ai pour siège qu'un banc en bois sans dossier, j'arrive à une courbature générale qui m'est fort pénible, en suite de ma maladie de la moelle épinière. Pour me délasser, je m'étends sur mon lit de paille; mais l'un ne vaut guère mieux que l'autre.

En somme, je suis exténué ; l'air me manque, je n'ai qu'une heure de promenade par jour.

Que cette maison cellulaire versaillaise est triste, sombre, effrayante! Son silence incessant, sa discipline inexorable, son ensemble sont affreux. Mazas, la Santé, la Conciergerie ne peuvent entrer en comparaison avec elle.

19 Juillet.

J'ai dormi un peu ce matin ; aussi suis-je dispos et j'attends ma femme avec une meilleure figure, ce qui me réjouit fort, car ma pauvre amie n'a pas besoin de soucis nouveaux.

Je l'ai vue. Que la vie est donc pleine de misères! Ma chère compagne ne va pas mieux. Chaque jour lui amène, avec son contingent d'émotions, une recrudescence de douleurs. Qui pis est, nos ressources sont épuisées. Que deviendra-t-elle si je ne sors bientôt d'ici?

L'aumônier catholique quitte à l'instant ma cellule ; il m'a rendu compte de la démarche officieuse qu'il avait eu la bonté de faire auprès de mon capitaine-instructeur, pour obtenir de lui ma mise en liberté provisoire. — « Impossible, lui a répondu M. Damelincourt ; pour tout autre, oui ; mais pour lui, impossible. Ses relations en font un personnage dangereux. » (*Sic*.) Un personnage. C'est, cette fois, que je me plains de ma grandeur qui m'attache aux barreaux de ma cellule.

20 Juillet.

Résolu à boire tout le calice et désireux de voir ma femme capable de supporter aussi la tempête jusqu'au bout, je lui écris une lettre décisive qui lui donnera, je l'espère, pour l'amour de moi, la volonté et la force de patienter quand même, quoi qu'il arrive. Et, cependant, il va lui falloir changer de logis, abandonner son bel appartement, perdre partie de ses meubles, se séparer de sa femme de chambre, de Babette. Depuis un mois, c'est le mont-de-piété qui subvient à son existence. — Pourtant, rien ne pèse sérieusement sur moi, et ne légalise ma séquestration. Je n'expie que des relations. O justice humaine !

21 Juillet.

M. le comte Henri de Rochefort de Luçay occupe la cellule voisine de la mienne, n° 11 ; je l'ai vu au retour du préau, par son guichet, laissé ouvert par mégarde, et nous nous sommes salués sans dire mot.

Trouvé dans un livre, tome XXXVII de l'*Histoire des Voyages*, appartenant à la bibliothèque de la maison, les larmes *écrites* d'une pauvre mère de famille, condamnée à deux ans de prison pour avoir contracté des engagements financiers, sans l'autorisation de son mari. Elle s'appelle Euphrasie Dolbec, de Gambais (Seine-et-Oise) et a quatre enfants. Son récit est tout à fait émouvant, dans sa naïve simplicité.

Ma femme ayant exigé que je me soigne un peu, chaque jour j'achète à la cantine un demi-litre de vin et du sucre. Depuis avant-hier, j'ai une douleur très vive dans le haut de la colonne vertébrale. Il me semble que je deviens bossu; je ne puis plus marcher la tête haute; je suis courbé comme un vieillard. Il faut, cependant, que je conserve assez de force pour être capable de travailler fructueusement une fois sorti de ce repaire. O République, que de crimes les monarchistes-cléricaux commettent en ton nom!

22 Juillet.

Reçu de ma femme une lettre extraordinairement éloquente et pleine de vérités hardies sur ces messieurs de la justice actuelle. Répondu de manière à calmer un peu les nerfs de ma pauvre bien-aimée.

Jusqu'à ce jour, malgré qu'elle m'eût été souvent et instamment demandée, je n'avais voulu donner, pour ma biographie, la moindre notice à personne; aujourd'hui, cette notice, je viens de l'envoyer... *à un fou*. Du moins à quelqu'un qui passe pour tel et est enfermé, en cette qualité, dans l'*Hospice des aliénés de Rodez* (Aveyron), à M. Mulatier, de Saint-Etienne (Loire), ex-professeur de l'Université et mon ancien collègue au lycée de Tournon (Ardèche), en l'année 1862. Mulatier, qui a la sagesse d'être fou, en ces temps de désolations affreuses, m'écrit une lettre fort sensée qui vaut, à coup sûr, mon empressée réponse.

Continuation de la lecture de l'*Histoire des Voyages*.

Le pain noir que me fournit la munificence de la République est si vieux, si sec, si mal cuit, si mal composé depuis quelques jours, que je suis obligé de m'abstenir d'en manger; il me fait mal à la gorge et me reste sur l'estomac. Je me sens un malaise général; ma tête est en feu; je ne puis rester debout, ni me coucher; aucune position ne m'est agréable. J'ai la maladie-cellulaire.

23 Juillet.

Hier au soir, à la dernière heure, j'ai reçu deux lettres : l'une de ma femme m'apprenant que M° Segond avait consommé sa machination et que la vente des mobiliers Brunereau et Gromier avait eu lieu; l'autre de M. Guérin, propriétaire de l'immeuble qu'occupait Brunereau.

La missive de ce dernier était datée du 12; je l'ai reçue le 22, grâce à la négligence des agents chargés du visa de ma correspondance. Si j'avais eu cette lettre huit jours plus tôt, et cela se pouvait, rien de ce qui précède ne serait arrivé, quoi que M° Segond eût essayé. Il y a des gens qui n'ont pas de chance. Que faire, maintenant? Je suis anéanti...

24 Juillet.

Une lettre de ma femme me réconforte : MM. Ildefonse Rousset, du *National*, Portalis, de la *Vérité*, et Lévy-Bing, banquier, apprenant nos désastres et sachant que nos proches et intimes ne peuvent, étant pourchassés partout, s'occuper de nous venir en aide, ont eu la bienveillance de nous assister; notre mobilier est racheté; même notre situation générale est absolument garantie de tout péril, maintenant.

M. Passa et M. Coussiol m'ont visité, ce soir. L'abbé Follet est aussi venu, à la nuit.

— Monsieur, m'a-t-il dit, j'ai appris combien vous avez de souffrances morales; je vous demande la permission de vous apporter un instant d'oubli par une petite visite d'homme à homme, toute en dehors d'aucun caractère religieux.

J'ai accepté joyeusement sa précieuse présence; cet abbé me plaît énormément; il a du tact et de la délicatesse, beaucoup de savoir et un air tout à fait sympathique. Je le préfère à M. Passa qui se croit un homme d'importance parce que Rossel exige sa visite quotidienne.

La chaleur a été remplacée par un froid presque intense, grâce à une pluie torrentielle et à un violent vent du Nord. J'espère passer une bonne nuit; la nouvelle du salut de ma chère femme m'a rendu la vie et même le sommeil.

25 Juillet.

Nouvelle lettre de ma femme confirmant celle d'hier; tout s'arrangera peut-être pour le mieux. Remercié mes amis.

Ces émotions, néanmoins, m'ont épuisé.

On vient de me changer de cellule; c'est bien simple, j'étais habitué à la mienne, cela ne pouvait se tolérer. J'habite, à présent, le n° 31, quatre fois plus sale que le n° 12 et habité par dix fois plus de punaises. De plus, étant au troisième étage, je vais avoir trois fois plus chaud en été, trois fois plus froid en hiver.

Ah, si M. Brandreth, de Mazas, était à la place de M. Coussiol, quel balayage !

Mais M. Coussiol vit, chez lui, dans la saleté ; à plus forte raison y laisse-t-il ses prisonniers.

Que fait donc l'inspecteur-général lorsqu'il accomplit ses tournées ?

Ainsi, en la maison de justice de Versailles, le détenu est soumis aux vexations de la faim, de la malpropreté, de l'oisiveté et de la solitude.

La solitude : mère du suicide ou de la folie.

26 Juillet.

Quelle nuit épouvantable! J'écris à M. Coussiol pour le prier, comminatoirement, de faire laver ma cellule à l'eau bouillante, brosser à l'eau phénolée les bandes de mon lit de fer et changer ma literie. En plein jour, les punaises et les scorpions se montrent par dizaines.

Visite de ma femme; les émotions de ces derniers jours l'ont terriblement fatiguée.

Ma belle-sœur, Mme Gromier aînée, l'accompagnait. Elle emmènera, avec elle, Brunereau, lors de son retour à Bourg-en-Bresse; puis, de Bourg, mon frère s'arrangera pour faire passer la frontière au cher et digne brave homme.

Dans quelles transes je vais être jusqu'à la nouvelle de son arrivée à Genève!

27 Juillet.

Hier soir, on m'a apporté, enfin, les deux carnets si lâchement pris à ma femme par le lieutenant Mareau, et par ordre du colonel Gaillard, on m'a répété que cet ignoble argousin avait été puni.

Mme Gromier, aînée, m'a fait une seconde visite, ce matin; elle partira après-demain avec Brunereau. Puissent-ils arriver à bon port.

28 Juillet.

Longue lettre de ma femme et longue lettre de ma mère.

Reçu, pour la première fois, la visite du médecin de la prison qui me fait donner un matelas, un oreiller, de la flanelle, et me promet sa visite encore pour le lendemain matin.

Lu, les *Orages de la Régence* et mis au net un *Projet de défense*, interrompu par la fatigue.

29 Juillet.

J'ai dormi. Il est vrai qu'hier au soir on a complètement lavé, brossé, nettoyé ma cellule avec du phénol, du vinaigre et du vicat.

Visite nouvelle de M. le docteur Bérigny qui m'ausculte et m'ordonne un traitement pour mes palpitations : gouttes de laudanum sur la poitrine, pilules de cynoglosse, sirop diacode, quinquina, grands bains, etc. Si toutes ces drogues ne m'assomment pas, il faudra que j'aie la vie dure.

Lu, pour la dixième fois peut-être, les *Confessions de Marion Delorme.*

Lettre de ma femme qui s'inquiète beaucoup du voyage que va entreprendre son père. Naturellement, pour me parler du cher homme, elle se sert d'un langage de convention.

30 Juillet.

Ma santé va de mal en pis ; je ne digère plus. Au reste, comment pourrait-il en être autrement? On ne me sert que des aliments froids. Vraiment, il faut que l'entrepreneur graisse joliment la patte de M. Coussiol-Champfleury, pour qu'il ne soit pas mis un terme à ses vilénies, à ses exactions, à ses vols.

Visite du docteur; je m'aperçois qu'il est affligé d'une surdité presque totale; je ne m'étonne plus, alors, de nos coq-à-l'âne précédents.

Continué la lecture des romans que m'a apportés ma femme. Ces historiettes me récréent. Quant à mes lectures habituelles, j'ai dû les cesser; elles fatiguaient mon esprit et le corps s'en ressentait trop.

31 Juillet.

Lettre de ma femme; le père est en route.

Visite de M. Damelincourt qui, vu mon état, me fait subir en ma cellule mon quatrième interrogatoire.

— N'avez-vous pas été nommé, par la Commune, à la direction administrative du IX° arrondissement?

— Non; voyez l'*Officiel*. Il vous prouvera le contraire.

— N'avez-vous pas participé au pillage de l'église Notre-Dame de Lorette ?

— Non; je m'étonne même beaucoup de votre demande.

— N'avez-vous pas présidé les clubs tenus dans la même église?

— Non; pour cent raisons; la première c'est qu'aucun club n'a été tenu dans cet édifice.

— N'avez-vous pas présidé le Comité de vigilance du IX° arrondissement?

— Non; qui diable vous a renseigné de la sorte?

M. Damelincourt m'exhiba, alors, un procès-verbal d'enquête, signé « Duret, commissaire de police du quartier Rochechouart », et convint avec moi que cette enquête ne renfermait que des potins de vieilles portières. Puis il me donna lecture des dépositions de MM. Desmarest, Portalis et Rousset, en ma faveur. Après quoi :

— N'avez-vous pas rédigé le *Vengeur* pendant la Commune ?

— Non ; je lui ai simplement fourni des traductions d'articles des journaux étrangers.

— Vous me paraissez bien souffrant. Désireriez-vous être conduit à l'hôpital ?

— Pas encore. Merci.

1er Août.

Lettre de ma femme, inquiète au possible sur le résultat du voyage de son père. Peu après, à onze heures, je reçois sa visite et la trouve assez calme, assez confiante. Elle m'écrira encore ce soir, au cas d'une nouvelle. Sa santé me semble s'améliorer, à mesure que ses soucis diminuent. Si Brunereau arrive sain et sauf en Suisse, tout s'arrangera.

Pour moi, je ne vais pas mieux ; tout au contraire.

2 Août.

Au lit, toute la journée. Pas de lettres. Pas de visiteurs. Et pas même un bol de tisane. Lu la *Ville Noire* de Georges Sand.

3 Août.

Brunereau et M. Jules Périer, ex-capitaine fédéré, sont arrivés à Genève, après avoir séjourné deux jours à Bourg, chez mon frère, qui les a menés en Suisse dans une voiture particulière.

J'ai fêté ce bonheur en buvant toute une bouteille de vin vieux.

4 Août.

Fièvre, oppressions, suffocations, faiblesse générale. Heureusement, j'ai de continuelles meilleures informations sur la santé de ma femme et la situation de Brunereau ne m'inspire plus la moindre inquiétude.

5 Août.

Visite du docteur qui me croit atteint d'une pneumonie.

Lettre à ma femme et à ma sœur. Faiblesse persistante..

6 Août.

Reçu de Bigot une troisième caisse de livres que je lui retourne, ne pouvant plus travailler et ne lisant que des feuilletons illustrés.

7 Août.

Même état de prostration. Lu les *Mohicans de Paris*, d'A. Dumas. Aujourd'hui, dix-huit de mes co-détenus passent en jugement par devant le 3ᵉ Conseil : Assi, Ferré, Lullier, Billioray, Champy, Régère, Paschal Grousset, Verdure, Ferrat, Urbain, Trinquet, Jourde, Rastoul, Courbet, Clément, Ulysse Parent, Descamps, Lisbonne. — Terminé les *Mohicans de Paris*.

8 Août.

Visite de ma femme, encore tout indignée, qui me raconte une nouvelle infamie de la police.

Hier, un agent quelconque sonna, 144, rue

Lafayette. Ma femme ouvrit. L'agent et deux sergents de ville l'emmenèrent, sans mandat, chez le commissaire de police de la rue d'Alsace. Là, l'agent accusa ma femme de lui avoir tiré un coup de pistolet, le 26 avril, de l'une des marches de l'une des portes de l'église Notre-Dame-de-Lorette. Heureusement, ma femme a du sang-froid; puis, depuis le 28 mai, jour de mon arrestation, elle a été l'objet d'au moins trois ou quatre infamies pareilles, sans compter celle du lieutenant Mareau. Elle demanda l'heure du crime, ses circonstances, ses témoins. Elle s'étonna du retard apporté à sa divulgation. Elle voulut enfin savoir tant de choses que, le commissaire restant impartial, l'agent se troubla, divagua, prétendit qu'il y avait peut-être erreur, etc. On garda, cependant, ma femme cinq ou six heures au bureau de police. Enfin, le soir, on la relâcha.

J'essaye de rassurer ma femme. Puis, de ma cellule, j'écris directement à M. Valentin, préfet de police, pour l'avertir des atrocités qui se commettent sous son couvert.

9 Août.

Violente fièvre et grande inquiétude; la justice est si inique.

Lettre à mes amis Rousset et Laluyé, élargi depuis huit jours, pour leur recommander ma femme à laquelle j'expédie encore quelques lignes nécessaires. — Parcouru l'*Inde contemporaine* de F. de Lanoye.

10 Août.

Nouvelles de ma femme qui n'a pas entendu reparler de son crime du 26 avril, si bien demeuré secret jusque-là. — Oh, quelle ignominieuse institution que celle de la police, plaidant le faux pour avoir le vrai. Je suis dans une colère qui me rend malade à mourir.

Pour bouquet, demain aura lieu la dernière vente des marchandises, meubles et agencements composant la succession de Brunereau.

11 Août.

Ce matin, M. Bérigny m'a visité, à la requête de mon capitaine-instructeur, et a déclaré que je ne pouvais subir aujourd'hui aucunes questions. Mais, désireux de voir mon procès s'activer, j'ai obtenu du docteur qu'il laissât M. Damelincourt entrer dans ma cellule, comme la dernière fois, et j'ai passé mon cinquième interrogatoire.

— Vous êtes accusé, d'avoir écrit dans le *Vengeur*, après la suppression de ce journal par le général Vinoy. Qu'avez-vous à répondre?

— Rien.

— Vous êtes accusé d'avoir, en ces écrits, offensé M. Thiers et diffamé M. Jules Favre. Qu'avez-vous à répondre?

— Quant à mon offense envers M. Thiers, elle n'a été que le fait de la reproduction, en français, d'un article d'un journal anglais sur ce personnage. Quant à M. Jules Favre, je n'ai pu le diffamer; on ne diffame que les gens de réputation bonne ou mauvaise et, depuis longtemps, sur ce double point, M. Jules Favre a tout perdu.

— Reconnaissez-vous avoir fourni à Félix Pyat, pour le *Vengeur,* sous ce titre : *La France vue du dehors,* une série de traductions d'extraits de la presse étrangère ?

— Certainement, oui. D'ailleurs, j'ai signé ces traductions — comme je signe, n'importe où que j'écrive, les choses qui me sont personnelles ; mais je ne pense être responsable, au *Vengeur,* comme à la *Vérité,* par exemple, que de mes œuvres et non de celles d'autrui. C'est pour cela que ma signature est au bas de chacun de mes articles. Je refuse d'endosser la responsabilité des articles parus conjointement avec les miens, et je prétends même avoir le droit, si j'écrivais, républicainement et en signant, dans le pire journal monarchiste, de repousser toute accusation de solidarité avec les autres collaborateurs dudit journal. Donc, je ne nie point ma collaboration au *Vengeur,* mais je n'accepte la responsabilité que de ma collaboration personnelle et me mets en dehors du reste.

— Voulez-vous, en attendant votre prochain jugement, que je vous fasse, maintenant, transporter à l'hospice?

— Volontiers. Je vous remercie.

Avant de se retirer, M. Damelincourt m'apprend que je serai probablement jugé avec Gustave Maroteau, Barbieux et Humbert — lorsque Rossel et Henri de Rochefort auront succédé, devant le 3ᵉ Conseil de guerre, aux dix-huit membres de la Commune, actuellement en jugement.

— Vais-je attendre longtemps?

— Environ un mois encore.

Et le capitaine se retire, après m'avoir assez gentiment rassuré sur mon sort futur.

— Que le souci de la nature de votre condamnation prochaine, me dit-il, n'aggrave pas votre état de santé; je ne pense pas qu'on vous mitraille une seconde fois.

Il ajoute encore :

— Vous m'avez indiqué plusieurs témoins à décharge; je puis vous apprendre que nous n'en avons pas trouvé encore qui puissent et veuillent vous charger.

Vite, annoncé ces bonnes nouvelles à ma femme.

Huit heures du soir. — M. Clément, commissaire-général, à Versailles, me fait demander par M. Coussiol, directeur, si je puis le recevoir. Il m'apporte la réponse de M. Valentin, préfet de police, à ma lettre du 8 courant. Je m'empresse de me lever pour qu'on l'introduise, et il me lit à peu près ce qui suit :

> Monsieur,
>
> En réponse à votre lettre du 8 août, datée de la maison de justice de Versailles et relatant une accusation fausse portée contre votre femme — je m'empresse de vous rassurer sur les suites de cette affaire. L'agent coupable de l'arrestation momentanée de Mme Gromier, a été révoqué et déclaré incapable de reprendre aucun autre service. Enfin, M. Ansart, chef de la police municipale, a reçu ordre d'apprendre à votre femme qu'elle n'a plus à se soucier de cet incident malheureux.
>
> *Signé :* Valentin,
> préfet de police.

Remis à M. Coussiol un billet détaillant à

ma femme cette missive opportune dont l'audition m'a fait beaucoup de bien. — Lu la bible.

12 Août.

Je connais ma maladie ; elle a des causes multiples : la mauvaise nourriture et le manger froid m'ont donné une gastrite; le dormir sur la terre, à Satory, a réveillé mon ancienne fluxion de poitrine; les émotions m'ont gratifié de mes palpitations de cœur. En 1844, mon père, joueur forcené, mourut, à l'âge de 32 ans, des palpitations que lui avaient occasionnées les émotions du jeu; tâchons de nous raidir contre les émotions de la vie. Lu la bible.

13 Août.

Excellente lettre de ma femme, tout à fait remise de son émotion et rassurée complètement par la visite que lui a faite M. Ansart, chef de la police municipale de la ville de Paris.

Je serai transporté, après-demain, à l'hospice, si je ne vais pas mieux.

14 Août.

Visite de ma femme presque absolument bien portante. Nous commençons à reprendre courage et à espérer un prochain avenir compensateur. — Lu les *Machines*, par F. Passy.

15 Août.

Longuissime lettre à ma femme en l'honneur de son *Birthday*, 15 août 1849. Mes amis intimes : les J..., les D... et Mme Millière qui, depuis sa libération, nous a fait l'honneur d'accepter notre hospitalité, doivent aujourd'hui souhaiter de meilleurs jours à ma courageuse et dévouée bien-aimée. — Fini les *Machines*.

Quatre heures du soir. — Je suis transporté à l'hôpital militaire, rue de la Bibliothèque. En chemin, je rencontre M. Rives, député de l'Ain, qui détourne la tête pour n'avoir pas à me saluer.

VIII.

A L'HOPITAL MILITAIRE

16 Août.

Je suis divinement installé, salle 138, lit n° 5, dans lequel Vermorel est mort le 19 juin. Deux grandes fenêtres éclairent ma chambrée, et, de mon lit, je vois passer les promeneurs qui se rendent au parc. MM. Thierry de Maugras, Passeau et Dénis, chirurgiens-majors, me soignent à merveille. De jeunes et charmantes religieuses nous apportent nos vivres et nos remèdes. Mes compagnons sont : Gustave Maroteau, atteint d'une maladie de poitrine, Lisbonne, dont la blessure est loin d'être guérie, et un nommé Stefanes Poles, des environs de Riga, Petite-Russie; n'était la présence de cet individu, véhémentement suspecté d'avoir volé M. Thiers dont il était l'employé — notre chambrée serait fort agréablement composée pour moi. Mais ce Poles, qui se porte, d'ailleurs, comme le Pont-Neuf, m'est connu pour avoir, durant la Commune, très mal agi vis-à-vis de M. Dallas, correspondant du *Times* et du *New-York Herald*; je ne puis donc être joyeux de sa compagnie, malgré qu'il se prétende la victime de Mlle Dosne et de M. Thiers, qui l'accuseraient à tort de leur avoir dérobé des objets d'art et une cassette pleine de papiers mystérieusement importants. Gustave Maroteau et Lisbonne pensent que ce Poles n'a été placé avec eux que pour prendre note de leurs conversations.

Cela me paraît, toutefois, exagéré, car, nuit et jour, deux gendarmes, qui se relayent, sont en faction au milieu de la salle 138.

Lettre à ma femme, datée de ma nouvelle demeure.

17 Août.

Visite de ma femme, dans l'après-midi ; la pauvrette est accourue fort inquiète ; mais elle repart plus contente, après avoir vu comme l'on me soignait bien, ici. J'ai pu l'embrasser à mon aise, lui dire mille choses, en apprendre autant ; en un mot, sa visite m'a fait un bien extraordinaire. Elle reviendra le 19, samedi.

Visite de M. Clément qui vient m'apprendre, de la part du préfet de police, qu'il est décidément établi que Mme Gromier, ma femme, ne mérite pas d'être, en aucune façon, inquiétée davantage. Remerciements.

Visite de M. Damelincourt qui me lit deux dépositions insignifiantes de MM. Mauclair et Paul Revel, employés à la mairie du IXe, et m'annonce qu'il a complètement fini l'instruction de mon affaire. Je lui réponds : « Il était temps ; j'en suis à mon quatre-vingtième jour de détention préventive. »

Visite de M. Tiersot, député de l'Ain, mon

vieil ami et très cher compatriote. Il m'explique la situation politique du pays et me raconte des choses stupéfiantes : « Alors, lui dis-je, c'est Henri V qui nous arrive. »

18 Août.

Dans la journée, nos deux gendarmes, deux Corses, ont été relevés de faction par deux braves soldats de la garde républicaine : MM. Capette et X... que je nomme pas, parce qu'il n'a point l'intention de quitter le service. Aussitôt, la salle 138 a pris un air de fête : sœur Clotilde, notre belle et bonne infirmière, a apporté quelques fleurs ; X... a tiré de sa poche une collection de journaux ; Maroteau s'est levé ; on a assis Lisbonne sur son lit, le plus commodément possible, et, sans trop nous préoccuper de Poles qui, paraît-il, est bien décidément *un mouton,* nous avons passé une soirée charmante.

19 Août.

Visite de ma femme; grâce à la bonté de nos gardiens, je la garde auprès de mon lit près de deux heures. — Pendant ce temps, Mmes Maroteau, mère, et Lisbonne arrivent; sœur Clotilde apporte le déjeuner; X... va nous acheter quelques gâteaux, si bien que M. Thierry de Maugras, le chirurgien-chef, trouve tous ses malades dans les meilleures dispositions et la plus précieuse compagnie. — Poles mis hors de cause. — Le chirurgien-chef étant le plus galant homme du monde, nos chères visiteuses en profitent pour nous choyer sans crainte et ne s'en vont qu'après nous avoir bien réconfortés par leurs caresses.

Le soir, mons Poles éprouve le besoin d'une justification publique et nous entame le récit comico-dramatique de ses manigances avec Mlle Dosne et M. Thiers, à l'occasion de la démolition, par la Commune, de l'hôtel du n° 24 de la place Saint-Georges. J'ai promis à ce chenapan de Poles de ne pas user de son récit avant 1874, au moins; Maroteau et Lisbonne ont fait la même promesse. A 1874 donc, la publication de l'histoire de la cassette mystérieuse de la place Saint-Georges[1]. — Poles, à la suite de ses confidences, appuyées du reste, sur des preuves palpables, Poles nous apparaît comme un aventurier, *di primo cartello*, qui a eu l'esprit de se faire choisir par M. Thiers et sa belle-sœur pour sauver, des mains de la Commune, ce que M{}^{lle} Dosne et son beau-frère ont de plus précieux, et qui a poussé l'esprit jusqu'à s'approprier ce dont il devait empêcher la capture. Or, M. Thiers ne doute point que Poles l'ait volé; mais Poles a mis son vol en lieu sûr; M. Thiers n'a pas de preuves et M{}^{lle} Dosne a peur du bruit. Poles pense donc être élargi prochainement. — « Et, dit-il, gare, lorsque je serai libre. Ils financeront, ou bien j'exposerai le cadavre que j'ai déterré. »

Ma foi, comme M. Thiers n'est pas notre

---

[1]. Cette publication ayant été retardée par suite de circonstances diverses, fera partie d'un prochain volume qui se rattachera au présent. — P. DE L.

ami, nous disons à Poles : — « A votre aise, pourvu que vous soyez pendu, tôt ou tard. » Le petit-russien s'attendait à mieux et paraît regretter ses révélations.

20 Août.

Employé la journée à mettre au net le récit de Poles et, à quatre heures, confié le paquet à X... qui le remettra ce soir même à ma femme. Après-demain, il sera en sûreté hors de France.

Je suis heureux : tôt ou tard, M. Thiers paiera ce qu'il me fait souffrir.

21 Août.

Mon ami Laluyé a usé de sa liberté pour faire connaître au public les infamies de M. Jules Favre à son égard; un journal, *l'Avenir libéral*, a inséré l'histoire de l'arrestation et de la dure captivité de M. Laluyé; un autre, *le Pays*, a dit que M. Jules Favre avait voulu faire déporter ou fusiller M. Laluyé pour faire disparaître celui qui fournit, jadis, au *Vengeur,* le dossier d'*Un faussaire.* M. Jules Favre, qui a toute honte bue, ose poursuivre en diffamation lesdits journaux et M. Laluyé. Ecrit à ce dernier pour m'offrir à lui servir de témoin contre Jules Favre. X... lui portera ma lettre demain.

22 Août.

Retour de nos gendarmes corses et départ de nos bons gardiens. Visite de Mme Maroteau à son fils. Discussion entre Poles et le chirurgien-chef qui veut le renvoyer de l'hôpital, puisqu'il est guéri de la maladie qu'il n'a jamais eue.

23 Août.

Visite de ma femme et de Mme Lisbonne qu'accompagne son fils, garçon de quatorze ans, très intelligent et d'un aspect tout à fait sympathique ; il apporte à son père ses petites économies.

M. Dallas me fait dire, par ma femme, qu'il

regrette la présence du sieur Stéfanès Poles auprès de moi ; sans cela il viendrait me voir. Mais ce Poles lui inspire une aversion et un mépris tels qu'il attendra son départ de l'hôpital. Répondu que je subissais bien involontairement cette société désagréable.

Reçu la caricature de Brunereau et la mienne, ainsi qu'une collection de journaux illustrés qui ont publié nos portraits par Franck, Appert ou Carjat, et un livre intitulé, *Le journal des journaux de la Commune.*

Reçu de Nadar une merveilleuse photographie de ma femme.

24 Août.

Seconde visite de mon compatriote M. le docteur Tiersot, représentant de l'Ain à l'Assemblée nationale. Il me trouve hors de danger et m'apprend qu'un instant, il m'a cru bien près de la mort.

25 Août.

On approche de la fin du procès des membres de la Commune et, dans quinze jours, Rossel et Rochefort seront jugés.

Lettre de ma femme qui a été fort indisposée hier.

Envoi d'un assez long article à l'*Emancipation*, de Toulouse. X..., qui est derechef notre gardien, met à la poste toute notre correspondance et nous procure tous les journaux que nous désirons. Capette, son camarade, et sœur Clotilde, de plus en plus aimable, s'occupent de nous apporter quelques friandises.

26 Août.

Depuis le 15 août, je vis avec Gustave Maroteau que, précédemment, je n'avais jamais vu et que je croyais beaucoup plus âgé ; il n'a que vingt-deux ans. Et il est sous le coup d'une condamnation capitale ! J'aime, maintenant, comme un frère cadet, cet intéressant et beau jeune homme, véritable poète, sublime enthousiaste, écrivain merveilleux de style et de génie prime-sautier. Sa mère m'inspire une vénération, un respect affectueux, une sorte d'admiration extraordinaire. — Mᵐᵉ Lisbonne ne m'est pas moins sympathique. Quant à l'ex-colonel Lisbonne, toujours gai, toujours vaillant, malgré ses tortures atroces — qui pourrait ne pas être ému de pitié à le voir étendu sur son lit, avec une jambe entièrement paralysée par une blessure dans le genou, blessure si singulière que la balle est encore logée derrière la rotule. Ou je me trompe fort, et je le désire vivement, ou ces deux malheureux vont être condamnés à mort : Maroteau pour avoir écrit un article contre Darboy, l'archevêque de Paris, fusillé pendant la terrible semaine; Lisbonne pour sa part active à l'insurrection.

27 Août.

Réédition de la discussion de notre chirurgien-chef, M. Thierry de Maugras, avec Stéfane Poles qui se dit malade plus que jamais et que le docteur trouve plus que jamais bien portant.

Visite d'un Père capucin, aumônier de l'hôpital, qui ne nous paraît pas un modèle de tempérance et que sœur Clotilde semble tout particulièrement détester. Le Père capucin parti, nous questionnons notre gracieuse et dévouée infirmière, qui nous laisse deviner que le Père capucin a voulu la confesser plus fréquemment qu'il n'en était besoin.

Visite de M. Fret, agent comptable de l'hôpital, ancien tambour, devenu directeur d'hospice grâce à l'intelligence de sa femme et à sa bonne volonté.

Reçu, de M. Laluyé, une belle et longue lettre dans laquelle mon vieil ami de Satory refuse d'user de mon témoignage, crainte de m'attirer la haine et la vengeance de Jules Favre « qui ferait, alors, des pieds et des mains pour influencer les membres du Conseil de guerre. »

28 Août.

J'entame le troisième mois de ma détention préventive.

Visite de ma femme qui m'apporte une lettre de Bruncreau. Elle me trouve levé et s'en va bien heureuse de me savoir en voie de guérison.

29 Août.

Visite de M. de Fropo, directeur médical de l'hospice; c'est une espèce de pied-plat, âne bâté, aussi insolent qu'idiot; MM. Thierry de Maugras, Passeau, Dénis, etc., chirurgiens sous ses ordres, sont réellement à plaindre. Cet homme les traite comme des écoliers et pas un d'eux, cependant, qui ne puisse lui servir utilement de professeur.

Commencé la préparation sérieuse de ma défense.

30 Août.

Reçu, d'Emile Acollas, le conseil de choisir pour avocat un de ses anciens élèves, M. Amédée de la Porte, et visite de ce jeune homme qui ne me plaît point et que je remercie. Je voulais choisir Bigot; mais ma femme, qui assiste au jugement des membres de la Commune, trouve que Bigot compromet terriblement son client et désire que je fasse choix de M° André Rousselle. — Reçu *Esprit et Matière* du docteur Hubert.

31 Août.

Je reste, à présent, levé du matin au soir; Maroteau aussi.

Lisbonne, hélas, va de mal en pis. Quant au sieur Poles, il est toujours par monts et par vaux, dans les diverses salles de l'hospice, et ses indiscrétions nous attirent des ennuis fréquents.

Ecrit à Ch. Floquet de revenir d'Alsace, pour me défendre.

Lettre de Gustave Maroteau à M° Dupont de Bussac, pour lui demander de se charger du même soin.

M° Haussmann doit défendre Lisbonne.

Achevé la réunion de mes moyens de défense, grâce à ma vaillante femme et par l'entremise dévouée d'X... garde républicain (républicain). Quel que soit mon avocat, sa besogne est mâchée; je suis tranquille et ma femme elle-même se déclare rassurée. La courageuse enfant m'a apporté, aujourd'hui, et a su me donner, sous le nez des mauvais gendarmes corses, quarante-deux documents composant mon contre-dossier, à décharge.

1ᵉʳ Septembre.

Mᵐᵉ Maroteau a porté, à Dupont de Bussac, la lettre de son fils et la lui a remise elle-même dans les mains, hier soir, au sortir de l'audience du 3ᵉ Conseil de guerre. Ce matin, on apporte à Gustave Maroteau la réponse de Mᵉ Dupont de Bussac; il refuse de défendre Maroteau. J'écris à Mᵉ Bigot et lui expose les deux cas : celui de Gustave et le mien; je lui demande de me remplacer par mon camarade et l'invite à me conseiller : qui me sauvera? Floquet ou Rousselle? — Je suis

marié; je ne voudrais pas aller en Calédonie.
— Parcouru *Esprit et Matière*, du docteur Hubert.

2 Septembre.

Longue visite de ma femme, de Mme Lisbonne et de Mme Maroteau, grâce à Capette, à X... et à sœur Clotilde, toujours de plus en plus charmante.

Je suis à peu près rétabli. Le chirurgien-chef m'a mis à la portion entière. De dix à deux heures, nous avons le bonheur de garder nos visiteuses.

3 Septembre.

Hier, le 3ᵉ Conseil de guerre, présidé par M. Merlin, colonel du génie, et ayant pour commissaire le nommé Gaveau, commandant, a rendu l'arrêt qui suit : Th. Ferré et Lullier seront fusillés; Assi, Billioray, Champy, Ferrat, Grousset, Régère et Verdure seront déportés dans une enceinte fortifiée; Trinquet et Urbain iront aux travaux forcés à perpétuité; Jourde, Rastoul iront en déportation simple ; Courbet fera six mois de prison : Clément, trois mois ; Descamps et Ulysse Parent sont acquittés. La cause de Lisbonne est disjointe, il sera jugé plus tard. Ranc aussi.

4 Septembre.

Il y a, aujourd'hui, un an que Napoléon III a été remplacé par M. Thiers. — Qu'a gagné la France à ce changement ? — 31 octobre, Montretout ; 22 janvier, capitulation, Prussiens dans Paris ; 18 mars, avril-mai-juin, Paris brûlé, cent mille familles parisiennes dans le deuil ; Alsace et Lorraine perdues ; Champagne encore occupée ; Marseille, Toulouse, Lyon en insurrection intermittente ; armée désorganisée, garde nationale dissoute ; lois sur le timbre rétablies, libre-échange aboli, loi postale changée, finances... on ne parle pas des absents ; — plus, 33 000 républicains en prison. Vive le Quatre Septembre !

5 Septembre.

Stéfanes Poles ayant amené, dans notre salle, un individu de son genre, nous a fait essuyer une assez désagréable réprimande de nos gardiens. Maroteau, Lisbonne et moi, peu contents, avons averti le Poles d'avoir à nous f...icher la paix, lui et ses amis. Poles, furieux, a lancé un pot de tisane sur Lisbonne, une tasse de bouillon sur Gustave et m'a très fortement et très habilement gratifié d'un coup de poing au visage. Forcés dans notre patience, nous avons dû lui administrer une verte correction et l'avons jeté à la porte. Mais il a tant crié que nos gardiens, absents une minute, sont accourus, avec quatre hommes et un caporal, tous fusil au bras. Réintégration de mors Poles, procès-verbal, rapport, inspection du directeur, etc.

Finalement, transfert, à l'Orangerie, du sieur Poles, mais aussi de Gustave Maroteau et de Gromier, qu'accompagnent Courbet, Epailly et Monteil, autres convalescents.

IX

L'ORANGERIE

5 Septembre.

MM. de Cissey, de Galliffet, Garcin, Aubry, Maudhuy, Mareau, Coussiol, Crépatte, Fret et Fropo, chapeaux et képis bas, bien vite. Nous sommes à l'Orangerie, chez l'immortel capitaine Céret de la Noze, chez l'inventeur de la fosse aux lions, où fut torturé Brissac, chez l'ordonnateur des supplices de Jaclard, Bauër, Fontaine, Pétiau, chez le soldat qui faisait battre, à coups de baguette de fusil, les communalistes parisiens, après les avoir, préalablement, dépouillés de leurs vêtements et les avoir attachés à un poteau. En 1871 !

Pour être consciencieusement sûr de ne point sortir des limites de la vérité, je n'ai jusqu'à présent raconté que ce que j'ai vu, vu de mes yeux. J'aurais eu beau jeu, cependant, pour raconter, en outre, tout ce que j'ai entendu.

On pourrait donc s'étonner des lignes qui précèdent, si je n'affirmais avoir vu, à l'Orangerie, sur le dos et les bras des patients, les traces ineffaçables des blessures et si je ne donnais Courbet, Maroteau, Epailly, Monteil, Reusse et cent autres, au besoin, comme garants de la vérité de mes assertions ; enfin, si je n'ajoutais que je pourrais aisément remplir quatre ou cinq volumes du récit des cruautés exercées contre mes camarades, avant et après mon arrivée, par le bourreau Céret de la Noze — cruautés dont je laisse à d'autres la charge de publier l'histoire, n'en ayant été que le simple auditeur et, pour cela, ne voulant m'en faire l'écrivain.

D'ailleurs, ce qui va suivre suffira pour dépeindre l'individu.

A notre arrivée à l'Orangerie, nous fûmes

conduits, Courbet, Maroteau et moi, devant une sorte de sous-gouverneur qui buvait la goutte sur une table boiteuse, entouré d'argousins de toute sorte. On prit nos noms, tant bien que mal, sur une feuille volante fort graisseuse, et le sous-gouverneur cria : « N° 3! » Ce qui signifiait : Catégorie des intéressants. Il y avait alors, sous les voûtes de l'Orangerie, cinq catégories : 1° la fosse aux lions, sous l'escalier qui mène à la pièce d'eau des Suisses; 2° les dangereux, travée suivante; 3° les intéressants; 4° l'ordinaire; 5° l'infirmerie.

La travée des Intéressants contenait environ quatre cents citoyens, étendus sur autant de bottes de paille recouvertes d'une toile grise, et disposés en quatre rangs. Rien, absolument rien autre chose pour mobilier; pas même des cruches d'eau. Une malpropreté hideuse. Des hommes demi-nus et littéralement dévorés vivants, par la vermine. Çà et là, sur le nombre, des manchots, des boiteux, même un cul-de-jatte, les uns et les autres à peine convalescents des terribles amputations subies. De ma vie je n'avais contemplé si pitoyable spectacle.

A notre apparition, nous sommes bientôt reconnus, entourés, salués, embrassés, fêtés par nos amis, par nos connaissances, par divers citoyens inconnus, mais heureux de nous voir parce que, sans doute, nous allons leur communiquer des nouvelles fraîches.

Au brouhaha qu'occasionne ce remue-ménage, la sentinelle approche : « Circulez ou je fais feu. » Courbet fait un haut-le-corps de surprise et s'écarte bien vite. Le père Fontaine entraîne Maroteau et moi dans une encoignure et nous dit : « C'est comme cela. Résignez-vous. Il est inutile de vous faire assassiner ici, où vous n'êtes, évidemment, que par erreur. » Le calme renaît; pour éviter tout autre tumulte, Courbet, Maroteau et moi passons devant chaque citoyen, leur souhaitant à chacun, un à un, le bonjour — retrouvant à chaque pas un ami, un camarade d'atelier, ou un compagnon des deux sièges. Le 74ᵉ avait, à lui seul, vingt-sept représentants dans la troisième travée; le capitaine

Reusse les avaient réunis en groupe ; je laisse à juger si je fus chaleureusement accueilli par ces braves cœurs, ces nobles martyrs de la plus noble cause. Que de poignées de main, que de cordiales et fraternelles étreintes, que de deuils appris ! Que de tortures racontées en détail !

Hélas, quels douloureux épanchements réciproques.

Il était déjà tard, lorsque nous arrivâmes ; la distribution des vivres du soir avait eu lieu. Mes anciens gardes du 74° m'installèrent une paillasse assez large auprès d'eux ; Gustave et moi, nous nous étendîmes sur cette couche rudimentaire et, toute la nuit, nous écoutâmes, le cœur serré, les larmes aux yeux, les horribles et trop véridiques confidences des patients de M. Céret de la Noze, militaire français. Puisse Jaclard, qui a vu de près ce monstre et plus que tout autre éprouvé les effets de son infâme cruauté, publier bientôt, et en toute liberté, la narration des souffrances de ces malheureux suppliciés.

6 Septembre.

A cinq heures du matin, réveil. Comment se laver ? Problème.

On se lave, cependant, avec un peu d'eau volée à la fontaine du jardin avoisinant notre fenêtre.

A sept heures, distribution de bouillon. Impossible de voir quelque chose de plus repoussant et pas de récipient, du reste.

A huit heures, viande froide bouillie et pain. Toujours ni couteaux, ni fourchettes, ni cuillères, ni gobelet.

A quatre heures, on fera semblable distribution, sans fournir davantage de vaisselle.

L'Orangerie, depuis le 1ᵉʳ juin, a déjà abrité environ 20,000 prisonniers de passage; nous sommes au 6 septembre. Depuis trois mois et plus, l'administration des prisons militaires de Versailles n'a pas su encore trouver le temps d'établir des cuisines à l'Orangerie, et de fournir les détenus, d'eau, d'ustensiles de ménage, de couvertures et d'habits.

Force est à ces misérables de faire tout apporter du dehors, quand ils ont de l'argent, de mourir de faim et de vermine quand ils n'ont ni monnaie de poche, ni vêtements de rechange.

Deux fois par jour, matin et soir, les habitants de chaque travée ont une demi-heure de promenade, dans la grande allée du jardin potager qui s'étend le long de l'Orangerie. Alors, du haut de la terrasse supérieure, MM. les membres de l'Assemblée, dite nationale, viennent contempler leurs ennemis vaincus et les douces épithètes de : « Fripouilles, crapules, voleurs, pétroleurs, bandits, » sont prodiguées par MM. les honorables versaillais, aux citoyens de Paris.

Puis, tous les étrangers arrivent, attirés par le bruit de ces imprécations; alors Jean Brunet, Tirard, Paul Cottin, Lucien Brun, Dutemple, Belcastel s'avancent et s'adressant à la foule des curieux : « Voyez, disent-ils, comme ces communards ont des figures hideuses! Peut-on trouver, ailleurs, plus sinistres types d'incendiaires et d'assassins? » — Badauds d'applaudir et de répéter, rendus au milieu de leur foyer : —« Oh, ces pétroleurs! Quelles faces de coquins. » — Ainsi se font les légendes.

Neuf heures. — Ecce homo : Céret de la Noze se présente, escorté de son peloton d'exécution. On appelle : Courbet, Maroteau, Gromier. Nous approchons. Courbet tremblant un peu, c'est à lui que l'inventeur de la fosse aux lions s'adresse :

— Chiens, cochons, coquins! Vous voilà donc? Faudra voir à marcher droit ici, ou gare la Fosse!... Hein? Qu'est-ce que vous dites? Bougez donc, un peu, pour qu'on vous fouette!... Ah! ah! ces beaux Messieurs! Ils font de l'épate! On vous en va donner de l'épate, à l'Orangerie.

S'adressant aux quatre cents de la travée :
— Eh bien, vous autres! Pourquoi vous taire? Criez donc comme hier : Vive Courbet! Vive Maroteau!...

Aux sentinelles :

— Vous entendez? Si le plus léger moument se produit, fusillez-moi d'abord ces trois drôles.

Exeunt Céret de la Noze, le sous-gouverneur et les soldats du peloton d'exécution.

Midi. — Ma femme m'a déniché, après avoir été à la Maison de correction, à la Maison de justice, à Satory et, deux fois, à l'Hôpital. Aussitôt qu'elle a pu se rendre compte de ma situation, elle me quitte et elle va directement chez le général Appert. Le général est absent. Ma femme se rend chez le colonel Gaillard. Le colonel est absent.

Ma femme ne se fatigue point; elle entre dans les bureaux de la Prévôté, s'adresse à je ne sais qui, raconte ce que je lui ai raconté moi-même et fait si bien qu'à trois heures précises, Courbet, Maroteau et moi, nous sommes transférés en la Maison de justice, laissant enfin le sieur Poles derrière nous.

On a bien raison de le dire : « ce que femme veut s'exécute toujours. » Evidemment, la mienne nous a tirés d'un abominable coupe-gorge.

X

RETOUR A LA MAISON DE JUSTICE ET JUGEMENT

6 Septembre.

M. Coussiol nous reçoit d'une manière si discourtoise que la patience me quitte et, durant cinq minutes, ledit Coussiol apprend franchement ce que je pense de lui.

Ordre, pour me punir, de me mettre au secret : cellule n° 27.

7 Septembre.

A dix heures, arrivée de ma femme. M. Coussiol lui refuse le parloir; puis, comme un lâche, court après elle dans la rue pour lui annoncer qu'il se ravise et l'empêcher d'aller se plaindre à qui de droit. Rassuré ma femme, toute joyeuse d'avoir réussi à me tirer de l'Orangerie, mais inquiète des menaces de Coussiol-Champfleury.

Visite du docteur Bérigny, stupéfait de mon retour.

8 Septembre.

Reprise de la fièvre. Délire. Appel du médecin et grand embarras de ce bon M. Bérigny qui ne peut me soigner à son aise dans ma cellule.

9 Septembre.

Visite de Coussiol-Champfleury que Bérigny m'amène et qui vient me faire amende *honorable* ou non. Le docteur me fait assez confortablement meubler ma cellule; j'ai une table de nuit, une chaise, un matelas et un oreiller supplémentaires; de plus, un auxiliaire spécial s'occupera de veiller à mes besoins.

10 Septembre.

Contre l'ordre de M. Bérigny, j'ai voulu me lever et descendre au parloir pour que ma femme ne s'aperçût pas de ma rechute. A ma rentrée en cellule, faiblesse et grosse fièvre.

12 Septembre.

Hier, j'ai eu le délire toute la journée. Ce matin, allant tout à fait bien, on m'a permis de m'habiller et d'aller prendre l'air dans le couloir du mur de ronde où j'ai trouvé le photographe Appert qui m'attendait pour prendre mon portrait. Vu Rossel, Cavalier et Abel Peyrouton qui ont été photographiés après moi et qui, tous, me croyaient mort depuis longtemps. Lu, ensuite, un numéro du *Figaro* publiant des détails sur mon agonie. Puis aperçu Humbert un instant.

Lettre à ma mère et à ma femme. Et reprise de la fièvre.

14 Septembre.

J'ai encore eu le délire, hier, toute la journée. Visite du docteur qui s'ébahit beaucoup de me trouver levé.

Hasard heureux : visite de ma femme ; elle me complimente sur ma bonne mine, me dit que le *Figaro* l'a beaucoup amusée et m'apporte une lettre de Floquet qui m'annonce son prochain retour et me conseille de confier ma défense à M° Rousselle, si je suis jugé avant le 5 octobre.

Appris le retransfert de mon cher Maroteau à l'hôpital où il se meurt.

15 Septembre.

Nouvelle visite de ma chère amie et bonne et longue entrevue.

Elle me raconte que Barbieux est toujours détenu et me dit que Régnier, Brequin, Jaime, Godinot, de Sivry, Eygasier, Grousset père et Grousset fils, cadet, Durieu, Sotaz,

Mage-Nouguier, Kurty père et fils, Thibault, Pallas, Renaud, Ciezkowski, ont été mis en liberté par ordonnance de non-lieu. Plusieurs de ces citoyens ont eu l'attention d'aller la voir pour lui raconter, en détails, certaines circonstances curieuses de notre ancienne cohabitation.

Puis elle me donne tous les renseignements possibles sur le sort de Brunereau, sur celui de Pyat, de Gambon, de Protot et de Malon. Enfin, elle me trace le tableau de son intérieur personnel et de sa vie en communauté fraternelle avec Mme Vve Louise Millière. Dernier détail : mon ami Arthur Monnanteuil est à Brest, sur le ponton la *Ville-de-Lyon*. — Vaissier et Costa, de Satory, sont également ici.

Hier, M. Bérigny, mon si dévoué et si habile docteur, après toutes les plus actives démarches pour me faire réintégrer à l'hospice, a été contraint de renoncer à se séparer de moi, suivant son louable désir. Seulement, on l'a autorisé à faire toutes les dépenses convenables pour que je sois suffisamment bien ici.

On va juger Rochefort demain ou après-demain ; il faut que je me prépare à être jugé avec lui; je ne sais qui choisir pour défenseur; j'hésite entre Rousselle, Laferrière et Delattre et, pourtant, je ne puis attendre le retour de Floquet.

Bigot défendra Maroteau et me conseille André Rousselle.

16 Septembre.

Visite de M° André Rousselle ; il comprend ma situation et accepte d'être mon défenseur. Je lui procure donc les moyens de compulser mon dossier à charge et lui indique où il trouvera tout mon contre-dossier à décharge, y compris les *Lettres d'un bon Rouge*, mes *Articles militaires* parus dans le *National*, mes divers *Appels à la conciliation* et la collection du *Salut* et du *Vengeur*. En même temps je lui donne mon *Projet de défense* qui pourra lui servir de canevas pour son plaidoyer.

Appris que les journaux persistent à donner la nouvelle de ma mort; *Paris-Journal* a publié sur moi un article nécrologique et la *Liberté* a fait le récit de mon agonie, rapportant, textuellement, dit-elle, mes dernières paroles.

17 Septembre.

Aujourd'hui, absolument sans fièvre ; M. Bérigny est radieux ; le brave docteur me témoigne un intérêt véritable ; il est ami de Laluyé et parent de Landrin, du *National*. — Vu Costa, Vaissier et Goupil, ce matin.

Employé ma journée à terminer la mise au net d'une brochure sur l'*Avenir de la République française;* la *Suisse radicale* doit la publier en feuilletons, si je réussis à la lui faire parvenir. — Appris l'*évasion* (?) de Poles.

Aperçu encore Billioray, Goupil et Mlle Marie Ferré, au sortir du parloir où j'ai eu la visite de M. Amédée de la Porte. Mlle Marie Ferré vient, une fois par semaine, apporter de l'argent et du courage à ses deux frères : Th. et Hippolyte ; tout le monde admire cette vaillante citoyenne et chacun la compare à ma femme; même dévouement, même constance, même énergie, malgré les plus affreuses tortures morales et matérielles. Goupil est en excellente santé.

18 Septembre.

Reçu de Carjat une douzaine de cartes de mon portrait et une lettre aussi spirituelle que courageuse.

Visite de M° André Rousselle, en ma cellule, où il passe la plus grande partie de la journée, collationnant avec moi tous les documents, pièces et journaux dans lesquels il doit puiser les éléments de ma défense. Cet intelligent citoyen me laisse dans une quiétude absolue; je suis tout à fait heureux de mon choix et, grâce à lui, mon acquittement me semble à peu près certain. Au pire, j'aurai quelques mois de prison, à Paris.

Lettre, dans ce sens, à ma femme, à Brunereau et à ma mère.

19 Septembre.

Je me lève dans une si bonne disposition d'esprit que je me surprends à fredonner l'air du *Sire de Framboisy*.

Décidé que je ne m'occuperai plus de mon procès et de ma défense, à présent que M⁰ André Rousselle est complètement pourvu, complètement édifié, complètement au courant du possible, de l'impossible et de l'imprévu.

Résolu à employer mon temps à la revision du manuscrit composé, jadis, à Mazas, sous ce titre : *les Origines et la physiologie de la musique.*

Reçu confirmation de la disparition du sieur Stéfanes Poles.

26 Septembre.

Depuis le 19, j'ai employé, sans relâche, toutes mes longues heures de loisir à la revision de mon manuscrit musicographique et j'ai extrait, de son ensemble, six articles-feuilletons que M· André Rousselle emportera demain, pour les faire parvenir à la *Suisse radicale* et au *Phare de la Loire*. En même temps, j'ai rédigé plusieurs entrefilets pour la presse départementale française, dans le but de préparer le public à mon jugement et de me concilier, à l'avance, l'esprit de mes futurs juges. Ma femme est arrivée hier ici, en santé définitivement excellente ; la mienne paraît vouloir s'améliorer ; le docteur est satisfait de mon état ; Coussiol-Champfleury me fait grâce de ses importunités ; tout va bien. Je vis, à présent, dans ma cellule, comme un philosophe sans soucis.

27 Septembre.

Visite de ma femme et visite de Rousselle. *All is well!* Ces messieurs du 3ᵉ Conseil peuvent me mander devant eux. Je suis réellement prêt à leur répondre et Rousselle aussi.

28 Septembre.

Hier, il était juste temps. Ce matin, à neuf heures, Gaveau, dont la ressemblance avec Henri Rochefort est frappante, m'a fait appeler au greffe et m'a lu ce qui suit :

1re DIVISION MILITAIRE.   Formule n° 10.

Articles 108 et 111 du Code
de justice militaire.

Ordre de mise en jugement.

Le Général commandant la
1re Division militaire.

Vu la procédure instruite contre le nommé Gromier, Marc-Amédée, homme de lettres, rédacteur au journal *le Vengeur*,

Vu le Rapport et l'avis de M. le Rapporteur, et les conclusions de M. le Commissaire du Gouvernement, tendant au renvoi devant le 3° Conseil de guerre ;

Attendu qu'il existe, contre le susnommé,

Prévention suffisamment établie,

1° D'attentat ayant pour but de détruire ou de changer le gouvernement ;

2° De complicité par provocation, au moyen d'écrits publics, dans l'attentat ayant pour but d'exciter à la guerre civile ;

3° D'offenses envers le chef du Gouvernement ;

4° D'être l'auteur d'articles publiés dans un journal frappé de suppression ;

Crimes et délits prévus par les articles 87, 88, 59,

91, du Code pénal, 1 et 9 de la loi du 17 mai 1819 et 20 du décret du 17 février 1852 ;

Ordonne la mise en jugement du nommé Gromier ;

Ordonne, en outre, que le Conseil de Guerre appelé à statuer sur les faits imputés au dit Gromier,

Sera convoqué pour le 2 octobre, à 11 h. 1/2.

Fait au quartier général, à Paris, le 27 septembre 1871.

Pour copie conforme :
Le Greffier,
BAYEUX.

Pour le Général commandant la 1re division militaire,
Le Général délégué,
Signé : APPERT.

Je télégraphie, joyeusement, la nouvelle à ma femme et à mon avocat et j'attends le 2 octobre avec confiance, convaincu de mon acquittement ou, tout au moins, assuré de n'être condamné qu'à quelques mois de prison que je subirai à Sainte-Pélagie.

2 Octobre.

Je viens de passer trois jours presque heureux. Ma femme et Rousselle sont venus me visiter chacun deux fois, afin de bien m'aider à rassembler tous mes souvenirs pouvant servir à la défense de ma cause.

Rousselle, dont le dévouement est réellement au-dessus de tout éloge, m'a apporté mon acte d'accusation, copié par ses soins et qui va paraître dans *La Presse;* nous l'avons lu et réfuté ensemble, alinéa par alinéa; mon défenseur est tranquille et moi aussi. Quant à ma femme, je crois que notre confiance l'a gagnée; elle me paraît impatiente de l'audience et, surtout, rassurée par le zèle et l'intelligence de mon défenseur. Evidemment, en effet, tout ce qu'il est possible de tenter en ma faveur, M° André Rousselle le tentera. Je suis véritablement joyeux d'avoir rencontré un avocat pareil, rarissima avis, un avocat sincèrement républicain socialiste; enfin, le phénix rêvé et nié par mon maître, Félix Pyat.

Donc, abandonnant toute préoccupation relative à mon procès, j'ai pu, durant ces trois dernières journées, en dehors de mes visites, me recueillir un peu. La semaine des barricades, des incendies et des massacres a repassé devant mes yeux; j'ai revu les caves de la caserne de la Nouvelle-France, le Parc

Monceaux, Saint-Cloud, la rue de Satory à Versailles, le Camp, les Docks, la Fosse commune des mitraillés, mes camarades d'un instant. Derechef, je me suis trouvé dans la Maison de correction; puis dans le bâtiment C, aux Docks encore. Après, revenu à Versailles, à la Maison de justice, et transféré à l'Hôpital militaire, auprès de mes chers amis Lisbonne et Maroteau — je me voyais bientôt à l'Orangerie, dans les griffes du terrible Ceret de la Noze, avec ce pauvre Courbet et mes braves gardes du 74e. Alors, là, je rappelais à mon esprit les effroyables récits entendus : l'homme brûlé vif au pétrole, les trente-cinq femmes violées et tuées sur la route de Cherbourg, les enfants monstrueusement souillés et égorgés à la Conciergerie, la cantinière coupée en morceaux, etc. — Oh, que je souhaite de lire un jour toutes ces lamentables histoires dans un écrit vengeur, signé Jaclard, ou Lissagaray, ou Gustave Maroteau, ou Malon, ou Gambon, ou Félix Pyat, et contresigné par les témoins oculaires.

Ernest Lavigne, que vous en semble? Ne seriez-vous pas content de lire, à Saint-Pétersbourg, où vous êtes si heureux, maintenant, la narration des crimes épouvantables dont vous avez été spectateur?

Et vous, MM. Letellier, Grousset père, Durieu, Kurtz père, Thibault, Barbieux, de Sivry, Courbet, etc., les liriez-vous avec intérêt, ces annales de la *Terreur versaillaise?*

Ah, si jamais je suis libre, comptez tous sur moi pour forcer la main aux victimes échappées à la rage des bourreaux, et obtenir d'elles le procès-verbal authentique de leurs tortures.

. . . .

Mais l'heure s'avance. A midi, je comparaîtrai, enfin, devant ces messieurs de la Justice contemporaine. J'attends ce moment opportun depuis le 28 mai, depuis plus de cinq mois.

Que de désastres domestiques m'ont valu ces affreux jours d'illégale détention préventive! Quelle indemnité j'aurais le droit d'exiger si, tôt ou tard, les vaincus d'aujourd'hui, les exploités, les travailleurs, les pauvres, étaient les vainqueurs des vainqueurs d'à présent, messieurs les exploiteurs, les oisifs, les riches. Quelles représailles seraient légitimes si le peuple avait, tôt ou tard, raison du parasitisme social, de la bourgeoisie !

Tristes déclarations dans la bouche et sous la plume d'un ancien conciliateur ! Hélas, l'expérience m'a rendu sage. Messieurs les cléricaux et messieurs les monarchistes, messieurs les bourgeois, vous avez anéanti, à jamais, dans les cœurs les plus généreux, toute idée de conciliation, toute pensée d'oubli. Vous vous en apercevrez tôt ou tard.

Onze heures. — J'ai fait mon devoir. Aussi l'on va me juger. Et je serai condamné peut-être.

Si je suis acquitté, rien à dire, sinon que ma prévention a été bien longue, bien dure et bien funeste.

Condamné à moins d'un an, j'accepte encore, vu la situation du pays. Ma femme, alors, pourra rester à Paris, parce que ma prison devant être Sainte-Pélagie, nous pourrons nous voir à notre aise et, par suite, supporter tout.

Condamné à plus d'un an, je proteste, sans pourtant me pourvoir en revision. Ma femme rejoindra son père ; nous nous écrirons tous les deux jours. La sachant entourée d'amis fraternels, je vivrai tranquille, sinon heureux.

Condamné à la déportation, je m'indigne et me pourvois. Et si, chose invraisemblable, mon jugement n'est pas cassé, mitigé, eh bien, ma femme vendra tout le peu qui nous reste, mes amis parferont la somme indispensable, et la pauvrette m'accompagnera. Elle est d'un dévouement inaltérable ; son courage est surhumain ; son intelligence est... féminine. Quoi de plus ? Nous nous aimons. Nous serons donc, partout, bien ensemble.

Sept heures du soir. — A midi, au greffe, je me suis trouvé face à face avec Th. Ferré, mon co-accusé du procès de Blois, que son défenseur et ami, Ducoudray, venait voir une dernière fois peut-être, puisque Th. Ferré est condamné à mort. Malgré les gardiens, nous nous sommes précipités dans les bras l'un de l'autre et Ferré m'a dit, en m'embrassant : « Tu en auras pour six mois. » J'ai accepté l'augure, et, en effet, je viens d'être condamné à six mois de prison.

Hélas, on a jugé en même temps Maroteau. Et il a été condamné à mort.

XI

APRÈS L'ACTION[1]

Avril 1872.

La population sénatoriale et législative de Versailles semble oublier qu'elle assiste à l'effondrement du vieux monde.

Les moins inintelligents de nos représentants s'effrayent, il est vrai, des ruines matérielles accumulées autour d'eux; mais nul ne veut aller jusqu'au fond des choses et cher-

---

[1]. Condamné le 2 octobre 1871, élargi le 2 avril 1872, après avoir subi sa peine, M. Gromier, sous le titre : *Notes justificatives*, envoya le lendemain à M. Thiers et à quelques autres personnages politiques, un exemplaire manuscrit de ce chapitre qui jette un jour tout nouveau sur les événements de 1870-1871. — P. DE L.

cher le mal à la racine, pour l'extirper. On regarde seulement la surface, puis, épouvanté par l'ensemble du tableau, on se signe béatement.

Penseur et progressiste, nous venons d'employer six mois d'un complet isolement, à l'étude de la situation de la France. Le « gâchis » nous a paru monstrueux, comme à d'autres. Toutefois, au rebours des désespérés de parti pris, nous ne voyons, dans ce gâchis, qu'une extrême surabondance de divisions sociales qu'une amnistie ferait immédiatement tourner à l'avantage du pays et de l'humanité.

Cette amnistie nécessaire, nous voulons démontrer sa justice.

On croit, à tort, que les répressions suffisent pour occasionner les suppressions désirées. On pense, faussement, réduire à néant les aspirations des classes déshéritées, parce qu'on a fusillé Ferré, Bourgeois, Rossel, Gaston Crémieux et autres réclamants logiques. On dit que tout est pour le mieux, parce qu'on a envoyé en Calédonie Maroteau, Verdure,

Humbert, Brissac et autres inspirateurs du peuple. On voit tout en rose, parce qu'on a exilé Gambon, Reclus, Brunereau, Aristide Rey et autres hommes d'intégrité parfaite. Enfin, on suppose ridiculement qu'une victoire aussi sanglante que celle de mai-juin 1871, éteint le paupérisme et enraye le mouvement en avant de l'*Association internationale des travailleurs*, parce qu'on a mis à mort ou emprisonné les pauvres, et que les ouvriers échappés à la mitraille ou à la chaîne, sont allés porter à l'étranger nos industries et notre esprit artistique.

Quelle erreur radicale, et combien les soi-disant conservateurs s'éloignent, ainsi, du but vers lequel leurs intérêts les appellent.

Il y a, par bonheur, dans les vaincus, dans les ouvriers, l'avenir le prouvera, des forces incompressibles dont on n'aura satisfaction qu'en les dirigeant, au lieu de les poursuivre à outrance. Quoi qu'on fasse, à Satory, ou dans les geôles, la sève prolétaire monte invinciblement dans l'arbre de la nation française; 1793, lui aussi, l'avait ébranché; les vieux rameaux ne reverdissent plus, mais les jeunes pousses ne sauraient, toutes, périr et la sève prolétaire les grossira.

Il ressort, de ce fait, un enseignement d'une déduction facile : il faut instruire les masses, non les déporter ; — rappeler au bien les égarés, non les mettre à mort ; — pardonner beaucoup à ceux que la souffrance entraîne, non les faire souffrir davantage ; — céder un peu aux affamés, non leur ôter ce qui leur reste ; — apaiser les passions par une tolérance indulgente, non les surexciter par une implacabilité féroce ; — calmer les haines par la douceur et les améliorations, non les décupler par les représailles ; enfin, laisser se lever à leur tour ceux qui sont fatigués de ramper, non les enfoncer davantage dans la fange.

Si l'on résiste, follement, à ce qu'on ne peut vaincre, on ira de bataille en bataille, emplissant avec du sang le tonneau des Danaïdes versaillaises, jusqu'au jour où la démocratie emportera, du même coup, et les Danaïdes et le tonneau.

L'amnistie préviendrait ces nouvelles calamités.

Pour la faciliter, cette amnistie bienfaisante, nous avons le droit et le devoir, nous, libéré d'hier et vaincu résigné, sinon soumis, de montrer que les prisonniers de Versailles ne peuvent être responsables des événements de 1871. Nous essaierons donc de prouver brièvement, et par des documents précis et officiels, qu'ils doivent au moins bénéficier de circonstances extraordinairement atténuantes. Un résumé de l'histoire des élections de la Commune remplira ce but conciliateur.

Le général Trochu fut le premier, parmi les membres du gouvernement de la Défense nationale, qui parla de la nécessité de recourir au suffrage universel pour faire sanctionner par le peuple parisien la journée du Quatre-Septembre 1870. Rendons-lui, à cette occasion, la justice qui lui est due.

Le 8 septembre, Trochu se prononça pour la convocation d'une Assemblée, afin de donner au gouvernement « une attitude sincère et digne »; ce sont là ses propres expressions. Seulement, comme la majorité du Conseil était d'avis que plus les élections se feraient tôt, plus elles seraient républicaines, et comme Trochu, Picard et autres voulaient des élections orléanistes, on fixa le vote, non pas au lendemain, mais au 16 octobre. Premier sujet de mécontentement pour les électeurs frustrés de l'exercice immédiatement nécessaire de leur droit.

Le 11 septembre, Trochu, trouvant sans doute que la province méritait le sort de Paris, envoie M. Crémieux gouverner la France et révolutionner l'Algérie, au même titre qu'il gouvernait et révolutionnait la capitale. Puis il retient et enferme le ministre des Affaires étrangères dans Paris, afin de faciliter, sans doute, ses relations avec l'extérieur. Second sujet de mécontentement.

Le 18 septembre, Trochu appuie Gambetta, demandant les élections municipales le plus tôt possible. Il pense noblement, et il dit et écrit que « les principes doivent dominer la question d'opportunité. » Seulement, comme on craint que les municipalités ne soient point suffisamment d'accord avec le gouvernement, on ajourne les élections municipales. En revanche, on renforce Crémieux, en lui envoyant Glais-Bizoin et Fourichon. Cela fait trois sauveurs pour la province et un troisième sujet de mécontentement pour Paris, qui voit Trochu se moquer de la France.

Le 22 septembre, Trochu reçoit, un peu forcément, la visite des gardes nationaux indignés de ne point pouvoir effectuer les élections municipales déclarées si justes par le général lui-même. Trochu réédite son mot du 18 et promet, cette fois, des élections pour le 28 septembre prochain. — Les gardes nationaux, enchantés, se retirent pleins de confiance. Il n'y a plus de sujet de mécontentement.

Le 28 septembre arrive sans la moindre élection municipale. La population est trop désireuse d'élire ses conseillers : on s'empresse, attendu la guerre, de prétendre que Paris n'a nul besoin de représentants. En réalité, on ne veut point s'exposer à un échec certain et se voir remplacé, à l'Hôtel de Ville, de par la volonté électorale, par Victor Hugo, Louis Blanc, Ledru-Rollin, Delescluze, Blanqui, Félix Pyat et leurs partisans principaux. Par suite, le mécontentement réapparaît et devient général.

Le lendemain 29, Flourens et ses cinq bataillons, font une démonstration anti-gouvernementale sur la place de Grève. On admet Flourens et son état-major dans la chambre des délibérations, tandis que les cinq bataillons « manifestent » le long des grilles du palais municipal. Flourens, Razoua, Millière protestent, exigeant les élections refusées. Sur leurs plaintes, Trochu promet de réfléchir, d'examiner, et laisse supposer un retour sur sa décision négative de la veille. Mais, après de longues heures employées à discuter si Flourens, qui s'est nommé colonel, sera confirmé dans ce grade, on arrive à cette conclusion : on proclame Flourens major de rempart. Des élections, pas le moindre mot.

Arrive octobre. Le 5, après une nouvelle

manifestation bellevilloise et une nouvelle réponse dilatoire du général Trochu au major Flourens, Gambetta intervient, faisant observer que le gouvernement avait résolu de procéder aux dites élections lorsque les listes électorales seraient faites et revisées. Mais personne ne s'en occupait dans les mairies, et les élections étaient impossibles. Il fallait donc les remettre aux calendes. Le mécontentement est à son comble; Paris comprend que Trochu, Picard et consorts veulent, simplement, se maintenir au pouvoir.

Le 6 octobre, le commandant du 74° bataillon (quartier Ménilmontant-Charonne), exposant à MM. Dorian, Chaudey, Ferry, etc., la nécessité et la légitimité de ces élections immédiates, M. Dorian lui ordonna, presque officiellement, en présence du commandant Noirot, du capitaine Combault et du lieutenant Langevin, de réunir son bataillon et de lui demander si, oui ou non, les gardes étaient d'avis de procéder à des élections municipales. — Le commandant du 74° organisa publiquement un scrutin consciencieusement régulier ; il y eut 1580 inscrits, 1576 votants, 1564 votes en faveur de la Commune ou Municipalité et 12 votes en faveur du *statu quo*. Nous pouvons mettre quiconque au défi de contester ces chiffres, car le commandant du 74° n'était autre que nous-même. D'autre part, notre journal, le *Combat*, publia *in extenso* les circonstances et le procès-verbal de ce vote et, pendant quinze jours, ce procès-verbal fut répété en tête de la première page de cette publication populaire. La guerre électorale était déclarée : le 74°, grâce à M. Dorian, avait ouvert le feu et remporté la victoire.

Le 7 octobre, on apprit que Tours voulait aussi élire une Assemblée. Gambetta saisit cette occasion heureuse, partit en ballon et laissa Trochu se débrouiller à l'aise, lui recommandant toutefois de se méfier de Flourens et de se faire aider par Kératry, deux conseils également inopportuns. Trochu, aussitôt, signa le décret d'arrestation du major des remparts ; mais Kératry le laissa échapper et Flourens n'en fut que plus redoutable.

Le 8 octobre, au matin, malgré la formelle

promesse de M. Dorian, Trochu répliquait au vote du 74° par cette notification pittoresque :

« Le Gouvernement avait pensé qu'il était opportun et conforme aux principes de faire procéder aux élections de la municipalité de Paris; mais, depuis cette résolution prise, la situation ayant été profondément modifiée par l'investissement de la capitale, il est devenu évident que des élections faites sous le canon, seraient un danger pour la République. En conséquence, le gouvernement a ajourné les élections municipales jusqu'à la fin du siège. »

En d'autres termes :

« Citoyens, les événements sont trop graves ; défense vous est faite d'élire des hommes en qui vous ayez confiance pour vous guider, durant le péril, et vous sauver. Ordre vous est imposé de garder, pour maîtres, ceux qui se sont attribué ce titre, le Quatre-Septembre dernier. Quand les élections ne seront plus utiles, on vous les laissera s'accomplir. »

Telles sont les raisons des événements du

31 octobre, de ceux du 22 janvier et de ceux du 18 mars. En effet, quoi de plus légitime que le mécontentement du peuple de Paris ?

Le 8 octobre, au soir, manifestation communaliste. Dès alors, on ne disait déjà plus « municipale. » L'Hôtel de Ville voit, à nouveau, les gardes nationaux envahir ses portes et porter certains commandants des faubourgs jusque sur les tables de la chambre des délibérations. Le 74e, cette fois encore, est là et son commandant est à la première place pour entendre les faux-fuyants échappatoires des représentants du gouvernement, ainsi que les menaces grotesques de Cambon. M. Paul Cambon voulait faire fusiller tous les partisans des élections.

Le 9 octobre, Rochefort, à son tour, reconnaissait la nécessité des élections, mais n'osait soulever sur cet incident une question de cabinet et refusait, par lettre publique, de se démettre de ses fonctions de président de la commission des barricades, où Louis Ulbach, Ernest Blum et autres étaient ses adjoints.

Le 10 octobre, Trochu ne se contentait plus de faire rechercher Flourens ; il se prononçait pour l'arrestation de Millière et de Blanqui, réclamée par Kératry.

Dès lors, Paris fut divisé en deux camps bien distincts : le camp des électeurs, furieux de ne pouvoir élire les administrateurs de la Commune; et le camp des quatre-septembriseurs, désireux de conserver la direction des affaires. Et, grâce à l'armée régulière qu'on tint dans la ville, au lieu de lui faire combattre, jour et nuit, les Prussiens; — grâce aux mobiles bretons qui devinrent les gendarmes de l'Hôtel de Ville au lieu d'occuper des tranchées; — grâce aux bataillons bourgeois des quartiers riches qui se firent les défenseurs du gouvernement; — grâce à la presse monarchique qui ne recula devant aucune fausseté pour endormir l'esprit parisien et pour égarer ses sentiments; — le 30 octobre arriva sans trop d'encombre.

Mais, ce jour-là, la prise et la reprise du Bourget étant connues dans leurs détails héroïques et navrants, la nouvelle de la trahison de **Bazaine** et de la reddition de Metz n'ayant pu être cachée, le mécontentement fit, soudain, explosion.

Certes, nous n'allons pas raconter ici les journées du 30 et du 31 octobre, au point de vue de leurs incidents militaires ; ce récit trouvera sa place, un jour, dans nos *Mémoires d'un Publiciste*, au chapitre de nos dissensions intestines. De même, nous réservons pour une occasion meilleure l'explication détaillée de l'affaire Bazaine-Régnier-Impératrice, de la mission de Bourbaki et de la reddition de Metz. Nous nous tairons, également, sur les curieux incidents de la divulgation des secrets de la Défense nationale faite par Rochefort à Flourens, par Flourens à Brunereau et à Félix Pyat, et par Félix Pyat au peuple, dans le journal *le Combat*.

Ce que nous voulons raconter, ce que nous tenons à retracer exactement ici, pour prouver l'irresponsabilité des prisonniers de Versailles, c'est la phase officielle de l'échauffourée des 30 et 31 octobre. Voici donc la reproduction de quelques documents importants qui s'y rapportent; les commentaires seront ensuite plus aisés, plus naturels et plus justes.

Le 31 octobre, dans la nuit, l'affiche suivante était adressée à tous les journaux, par les soins d'Etienne Arago, maire de Paris :

Citoyens,

Aujourd'hui, à une heure, les maires des vingt arrondissements, réunis à l'Hôtel de Ville de Paris, ont déclaré à l'unanimité que, dans les circonstances actuelles et dans l'intérêt du salut national, il est indispensable de procéder aux élections municipales.

Les événements de la journée rendent tout à fait urgente la constitution d'un pouvoir municipal autour duquel tous les républicains puissent se rallier.

En conséquence, les électeurs sont convoqués pour demain mardi, 1er novembre, dans leur section électorale, à midi.

Chaque arrondissement nommera, au scrutin de liste, quatre représentants.

Les maires de Paris sont chargés de l'exécution du présent arrêté.

La Garde nationale est chargée de veiller à la liberté de l'élection.

Vive la République!

Fait à l'Hôtel de Ville, le lundi 31 octobre 1870.

Etienne Arago, maire de Paris; Charles Floquet, Henri Brisson, Ch. Hérisson, Clamageran, adjoints au maire de Paris.

Voyons, maintenant, ce qu'il advint de cette convocation solennelle, qui devait et pouvait sauver Paris.

Quelques heures après son affichage, le *Journal Officiel* du mardi, 1ᵉʳ novembre, contenait un entrefilet tout honteux et ainsi conçu:

Le Gouvernement doit mettre en garde les électeurs contre toutes les convocations hâtives, de quelque nature qu'elles soient. Les mesures discutées hier, au Conseil du gouvernement, doivent êtres soumises, ce matin même, à une nouvelle délibération.

En même temps, les affiches apposées la veille, par les soins de la mairie centrale, étaient partout arrachées sur l'ordre du Gouvernement. Trochu, décidément, ne voulait point qu'un vote de la population donnât à Paris des administrateurs légaux.

Pour lui et pour ses collègues, la journée du Quatre-Septembre tenait lieu avantageusement de toute manifestation électorale. La vérité, c'est qu'il avait peur du suffrage universel.

Le soir même, il alla plus loin : les affiches d'Etienne Arago furent remplacées par cette déclaration gouvernementale :

> L'affiche publiée hier, pendant que les membres du Gouvernement étaient gardés à vue, annonce des élections matériellement impossibles pour aujourd'hui et sur l'opportunité desquelles le Gouvernement veut connaître l'opinion de la majorité des citoyens. En conséquence, il est interdit aux maires, sous leur responsabilité, d'ouvrir le scrutin.
>
> *La population de Paris votera jeudi prochain*, par oui ou par non, sur la question de savoir si l'élection de la municipalité aura lieu à bref délai. Jusqu'après le vote, le Gouvernement conserve le pouvoir et maintiendra l'ordre avec énergie.

Chacun s'indigna, mais, sûr du résultat, attendit avec confiance le moment où il serait enfin permis, à Paris, de manifester légalement sa volonté d'élire une commission communale.

Le même jour, sur le soir, Trochu mettait le comble à ses agissements dictatoriaux : une dépêche du Gouvernement était communiquée à la mairie centrale par un maire d'arrondissement. Cette dépêche déclarait, purement et simplement, toutes élections interdites.

Aussitôt, Etienne Arago, Charles Floquet et Henri Brisson adressèrent leur démission collective au ministre de l'Intérieur et voici les termes exacts de leur lettre, dont l'importance est capitale :

Paris, le 1er novembre 1870.

Citoyen ministre,

Dans la matinée d'hier et avant qu'une pression s'exerçât sur l'Hôtel de Ville, les maires de Paris étaient appelés par nous à une réunion à laquelle nous avons eu l'honneur de vous inviter aussi. A l'unanimité, ils décidèrent que la gravité des événements et la nécessité de maintenir l'ordre et l'harmonie au milieu de l'émotion publique, exigeaient des élections immédiates.

Cette décision ayant été portée par le maire de Paris et ses adjoints au Gouvernement, le Gouvernement a autorisé le maire de Paris à déclarer que ces élections immédiates étaient accordées.

Cette déclaration a été faite par le citoyen Etienne Arago et par un autre membre du Gouvernement, à la foule assemblée dans la grande salle.

La situation s'étant plus tard aggravée, la mairie de Paris — d'accord avec un ministre du Gouvernement, et de concert avec les maires d'arrondissement qui n'avaient pas quitté l'Hôtel de Ville — la mairie de Paris a délibéré et rédigé l'affiche qui appelait les électeurs au scrutin pour aujourd'hui.

Nous en acceptons toute la responsabilité, car c'est dans la sincérité de notre dévouement à la République que nous avons pris cette mesure. Nous ne voulons pas examiner dans quelles limites elle a aidé à l'apaisement des passions surexcitées et au rétablissement de l'influence du Gouvernement.

Aujourd'hui, la mairie de Paris est publiquement désavouée par une note du *Journal Officiel* et par une dépêche que nous recevons à l'instant. Ces documents ne se contentent pas de donner un délai de quelques heures de plus aux électeurs, pour méditer et peser leurs votes ; ils transforment complètement la situation créée hier par la mairie de Paris. En conséquence, nous avons l'honneur, citoyen ministre, de déposer nos démissions de maire de Paris et d'adjoints au maire de Paris.

Etienne Arago, Charles Floquet,
Henri Brisson.

On le remarquera, MM. Hérisson et Clamageran, gagnés par Trochu, ne signèrent point cette lettre de trois honnêtes hommes. En revanche, d'autres protestations non moins indignées et non moins édifiantes, se produisirent simultanément jusque dans les mairies les plus modérées de Paris. Nous citerons la plus courte :

Citoyen maire Etienne Arago,

Je suis porteur de plusieurs protestations contre le vote du plébiscite annoncé pour jeudi. Mon conseil d'armement tout entier a voté contre, et je puis vous assurer que le sentiment populaire réclame, de la façon la plus formelle, la plus énergique et la plus unanime, les élections des quatre-vingts conseillers municipaux.

Je considère qu'il y a urgence à y procéder dans le plus bref délai, et j'affirmerais que, par ce moyen, l'on satisfera tout le monde, et l'on mettra fin à la terrible crise que nous traversons.

Salut et fraternité.

Le maire du XIIe arrondissement,
A. GRIVOT.

Hélas, les maires des vingt arrondissements de Paris n'étaient point au bout de leurs peines.

Trochu, Picard, Jules Favre et consorts

ne tinrent pas plus la promesse contenue dans l'affiche gouvernementale du 1ᵉʳ novembre, que celle contenue dans l'affiche municipale du 31 octobre. Ils ne consultèrent nullement la volonté de la majorité des électeurs, sur la question de savoir si Paris voulait choisir une municipalité et un gouvernement.

Non, ces anciens chefs de l'opposition contre l'Empire décrétèrent, *motu proprio*, le 3 novembre, un plébiscite à l'instar de celui du 8 mai 1870 qu'ils avaient jadis si justement décrié, bafoué, vilipendé. Napoléon III l'avait ordonné, ce plébiscite, pour pouvoir entreprendre ce que l'Impératrice appelait *sa* guerre[1]; eux, l'ordonnèrent pour pouvoir utiliser à leur profit les suites fatales de cette guerre insensée. Aux Parisiens qui réclamaient des conseillers municipaux, ils demandèrent effrontément s'ils voulaient, oui ou non, désorganiser la Défense nationale.

Ce procédé leur réussit d'abord, comme

---

1. M. Gromier, de très bonne foi, se trompe ici : l'Empereur ne voulait pas la guerre de 1870. — P. de L.

il réussit toujours en notre pays de naïfs, plus chauvins que perspicaces, et, pour un temps, messieurs de la Défense furent garantis contre une surveillance gênante ou une impulsion franchement nationale, dont leur quiétude égoïste et, pour ne rien dire de plus, leurs aspirations réactionnaires, eussent été trop cruellement troublées.

Cependant, malgré les interdictions des hommes de l'Hôtel de Ville et du Louvre, le XX° arrondissement parisien avait pris au sérieux le décret signé par Etienne Arago, Charles Floquet, Henri Brisson, Hérisson et Clamageran. Le mardi, 1ᵉʳ novembre, à midi, Belleville-Ménilmontant avait procédé à ces élections si controversées et nommé, pour chefs de son administration civile et militaire, pour membres de son Conseil communal, les patriotes Ranvier, Millière, Gromier, Germain Casse et Gustave Flourens, tous les cinq déjà commandants élus des bataillons de la garde nationale, de cette partie de la capitale assiégée.

Trochu trembla; ses collègues lui consentirent tout ce qu'il leur demanda de signer pour empêcher qu'ailleurs l'on ne suivît cet exemple. Le Gouvernement annula donc ces élections, décréta l'arrestation de trois des élus, les révoqua tous, en outre, de leurs grades dans l'armée de la défense, et avec eux révoqua encore les commandants Razoua, Goupil, de Frémicourt, Longuet, Jaclard, Cyrille, Levraud, Dietsch, Tessier de Marguerittes, Eudes et Barberet.

Se croyant ensuite tout-puissants, Trochu, Picard, Jules Favre et consorts, jugèrent qu'ils pouvaient dès lors se dispenser absolument de tenir leur parole.

Jusqu'au 3 novembre, ils n'avaient pas élevé la prétention qu'aucun engagement d'honneur n'eût présidé à l'évacuation de l'Hôtel de Ville par Blanqui, et nulle poursuite n'avait été ordonnée contre les principaux patriotes que la journée du 31 octobre avait mis à la tête du peuple indigné.

Après le triomphe apparent du plébiscite renouvelé de l'Empire, les poursuites commencèrent et l'on incarcéra à la Conciergerie, puis à Vincennes, Félix Pyat, Lefrançais, Millière, etc. Puis, lorsque tous les républicains sincères furent réduits à l'impuissance et à l'inaction par la mauvaise foi et la violence, un nouvel escamotage eut lieu, le 5 novembre, qui permit à de pseudo-élus municipaux, de créer une Commune anodine dont messieurs du Quatre-Septembre daignèrent ne pas s'offusquer, sous la condition expresse que ces élus apocryphes resteraient neutres.

Le général Tamisier, commandant en chef de la garde nationale de la Seine, indigné de tant de duplicité, se démit à son tour de ses fonctions ; il fut remplacé par l'ex-brigadier Clément Thomas, célèbre par son mot terrible de 1848 : « Chargez-moi cette canaille ! »

Le préfet de police, Edmond Adam, se retira aussi ; l'avocat Cresson eut son poste, mais ne l'illustra que par sa ridicule présomption.

L'habile et intègre ministre des Travaux de la Défense, le républicain Dorian, garda courageusement le souvenir des promesses gouvernementales, odieusement parjurées par ses collègues; il ne démissionna pas, parce que nul ne pouvait tenir son emploi et que la population exigea son maintien au ministère; mais lorsqu'on fit appel à sa justice, le citoyen Dorian parut devant le cinquième Conseil de guerre de Versailles pour affirmer, solennellement, le manque de parole de Trochu, Ernest Picard, Jules Favre et consorts.

Certes, après ces premières révélations, qui pourra nous contredire lorsque nous prétendrons que ces serments toujours violés, préparèrent les néfastes événements du 22 janvier 1871 et du 18 mars? Trochu et ses amis firent davantage encore.

Dans le XX° arrondissement, après l'annulation des élections du 1ᵉʳ novembre, on avait refusé de plébisciter, le 5, et l'on avait procédé simplement aux réélections des premiers élus, remplaçant seulement Germain Casse par Vésinier. Ces réélus paraissant trop à craindre, la plupart d'entre eux furent arrêtés et emprisonnés. Malgré ces mesures, on vit, pourtant, à Ménilmontant-Charonne, le 74ᵉ réélire huit fois Gromier pour son commandant, et toujours on annula ce vote obstiné.

Il y eut mieux : Trochu avait imposé au XXᵉ arrondissement une municipalité nommée d'office; or, ses membres jugeaient si bien eux-mêmes l'illégalité de leur situation que, tous les jours, ils écrivaient à Jules Ferry, successeur d'Etienne Arago, pour lui demander la permission d'abandonner une place où nul ne voulait d'eux.

Au reste, les pseudo-élus des dix-neuf autres arrondissements ne se trouvaient guère plus favorisés. Le Gouvernement leur faisait une existence purement nominale; de fait, ils n'exerçaient aucun pouvoir et n'étaient même pas admis, à titre consultatif, à émettre le moindre avis sur ce qui intéressait la défense de la capitale. Par suite, les plus autorisés, Delescluze à leur tête, donnèrent à leur tour leur démission pour sauvegarder la dignité de leurs électeurs et pour conserver leur honneur personnel.

Que fit Trochu? Il s'opposa, le 3 janvier

1871, à des réélections qui réveilleraient, dit-il, dans Paris, l'idée de la Commune.

Enfin, le 5 janvier, il refusa d'accepter le contrôle, l'adjonction d'un conseil de guerre où l'élément civil serait représenté et qui, pourtant, était proposé avec instance par la réunion des maires non encore démissionnaires. Trochu ne voulut consentir qu'à adjoindre ces maires au Conseil pour les questions de subsistance et de capitulation ; encore s'empressa-t-il de rééditer sur une affiche sa rodomontade habituelle :

« Le gouverneur de Paris ne capitulera pas. »

Et il ajoutait que les questions de défense ne regardaient que lui seul.

Alors, les vingt arrondissements s'insurgèrent de nouveau et déléguèrent mandat de les représenter à cent quarante patriotes qui publièrent et affichèrent, le 6 janvier, un appel au peuple réclamant la Commune effective. Un appel au peuple ! Cela ne pouvait plaire à des ambitieux qui s'étaient attribué le pouvoir et avaient toujours refusé de permettre aux électeurs de nommer eux-mêmes leurs gouvernants; cent quarante mandats d'amener furent donc lancés contre les cent quarante signataires de la proclamation revendicatrice.

Cette fois, Paris perdit patience. Les membres de la commission municipale nommée d'office au XXe arrondissement, MM. Jaffe, Jules Caroz, Métivier, Gérard, Topard, Simboiselle, Chavanon, etc., envoyèrent une dernière démission collective si fortement motivée, que le délégué de la Défense crut devoir la refuser, par écrit, en ces termes curieux :

Vous vous obstinez à m'adresser votre démission, je m'obstine à la refuser. Les élections, qui trancheraient toutes les difficultés, sont impossibles à l'heure présente. Je n'ai pas, pour mon compte, de plus ardent désir que de voir se lever le jour, que j'espère prochain, où le suffrage universel, régulièrement, librement, solennellement consulté, remettra dans cette grande cité parisienne toutes choses en leur place.

Assurément, ce sont là des déclarations *officielles* fournissant des arguments indiscutables aux partisans de l'élection communaliste du 26 mars. Eh bien, voyons, comment ce vote s'est effectué.

Le *Journal officiel* de la République et la collection des *Affiches officielles*, en mains, il est prouvé que les élections communalistes du 26 mars 1871 ont été libres, régulières, légales.

Cette preuve établie, qui donc pourra nier l'irresponsabilité des prisonniers de Versailles, dont hier encore nous étions le malheureux compagnon ?

Après la capitulation, écœuré de ce que Trochu osait appeler de la politique, suspectant les résultats des récents voyages de M. Thiers à l'étranger, nous avions publiquement refusé la candidature législative qui nous était offerte à Paris et notre lettre de refus, insérée d'abord dans la *Liberté*, avait été reproduite par les autres journaux.

Après l'élection du 8 février 1871, nous reconnûmes bien vite la logique de notre écœurement et de nos craintes, en voyant l'Assemblée de Bordeaux se désintéresser de Paris, d'abord, puis, lui déclarer la guerre.

L'Assemblée n'était pas encore constituée, elle comptait à peine 320 membres sur 750, que déjà elle avait forcé le général Garibaldi, sorti le troisième de l'urne parisienne avec plus de 200 000 suffrages, de se retirer pour ne pas être insulté et chassé.

Le 18 février, à la presque unanimité, elle remettait en question la République et choisissait pour chef du pouvoir exécutif l'homme des massacres de la rue Transnonain, celui-là même qui, d'après Prévost-Paradol, avait préparé la voie au coup d'Etat de 1851.

Le 3 mars, elle appelait au commandement de la garde nationale de Paris un des généraux les plus compromis sous l'Empire, M. d'Aurelle de Paladines, digne continuateur de Trochu.

Le 4 mars, elle faisait expédier, par son ministre de la guerre, des troupes contre la capitale, ordonnant à leurs commandants de les tenir en mains, de se préparer, et de se concerter avec les autorités administratives et judiciaires.

Et, pourtant, à cette date du 4 mars 1871, le *Journal des Débats* constatait « le peu de fondement des bruits alarmants qui couraient dans les départements sur le compte de Paris. » Et on lisait, d'autre part, dans l'*Electeur libre*, d'Ernest Picard : « Paris n'a jamais été plus paisible, plus absolument tranquille qu'en ce moment. »

Mais l'Assemblée bordelaise suivait un plan.

Le 8 mars, elle votait le projet Dufaure et remettait en vigueur la loi impériale sur les associations.

Le même jour, ses insolences obligeaient Victor Hugo à donner sa démission, comme Félix Pyat l'avait déjà fait.

Le 9 mars, elle acclamait le rapport de la Commission concluant à son transfert à Fontainebleau.

Le 10 mars enfin, par 427 voix contre 154, elle décapitalisait Paris, au profit de Versailles.

Et l'on s'étonnerait que Paris, se croyant,

à tort ou à raison, le droit d'abriter la représentation nationale, émanation de la France entière, eût répondu, à ces provocations, en se désintéressant des députés réunis dans le palais de Louis XIV?

On s'étonnerait, surtout qu'après l'affaire des canons et le coup d'Etat tenté par MM. Thiers et Vinoy, Paris se fût soulevé en faveur de la revendication de ses vieilles franchises municipales?

On s'étonnerait que Paris eût voulu, à défaut de son titre de capitale, retrouver au moins ce titre de commune que possède la plus petite bourgade de France?

Quoi de moins surprenant, au contraire, que Paris se soit révolté contre toutes les suspicions de l'Assemblée « élue dans un jour de malheur. »

Du reste, écoutons, à ce sujet, les journaux du temps; leur lecture est instructive; pour nous, en ces six derniers mois, elle ne nous a pas simplement instruit; elle nous a fourni des moyens de justification, dont nous nous servons, pour demander l'amnistie.

APRÈS L'ACTION.

Avenir national, du 16 mars 1871.

M. de Paladines aurait peut-être réussi à surmonter les difficultés de la situation, si l'on n'avait pas pris plaisir à les aggraver.

La reddition des canons paraissait chose faite, lorsque le gouvernement a eu la malencontreuse idée de suspendre six journaux et de supprimer la liberté de la presse. Cette mesure si inutile, pour ne pas dire si inepte, a eu le résultat qu'elle devait avoir. Au lieu d'amener l'apaisement, elle a fomenté l'agitation.

Voici ce que raconte la *Liberté* : M. Clémenceau, le maire de Montmartre, a parlementé hier avec les officiers chargés de recevoir les canons que les habitants de ce quartier auraient déclaré vouloir faire rentrer dans leurs parcs réguliers. Il s'est basé sur la mesure prise, la veille, à propos de la suspension des journaux, assurant que, si la reddition coïncidait avec ces rigueurs politiques, on verrait là un acte de faiblesse de la part des bataillons de Montmartre.

Ce renseignement, donné par la *Liberté*, nous est confirmé d'autre part. Les insurgés de Montmartre ont trouvé, dans l'atteinte portée à la liberté de la presse, un prétexte très plausible de ne pas rendre les canons qu'ils étaient résolus, la veille, à restituer.

La suppression des journaux, comme la nomination de M. de Paladines, a été une menace, rien de plus : menace d'autant plus maladroite que des placards dix fois plus dangereux, que le *Père Duchêne* et que la *Caricature*, que le *Vengeur* et que le *Cri du Peuple*, sont apposés dans Montmartre et dans Paris, et que ces placards empruntent à la suppression des journaux, une force qu'ils n'auraient pas eue sans cela.

Mais, ce n'est pas tout.

Le Gouvernement, prenant toujours l'ombre pour la réalité, et les attitudes violentes pour la force, vient, ce matin, de placer à la tête de la préfecture de police, M. Valentin, ancien colonel des Gardes sous l'Empire. Que le Gouvernement veuille encore temporiser, ou qu'il veuille agir et rétablir de vive force l'Etat légal, le choix de M. Valentin est également malheureux, parce qu'il est une menace.

Mettre la préfecture de police sous les ordres d'un militaire est une grosse faute. En temps ordinaire, une simple administration suffit au gouvernement de la préfecture de police. Aujourd'hui, pour ce poste important, il fallait un homme politique, connaissant parfaitement la population de Paris et ne lui inspirant aucune méfiance, un homme d'un esprit très souple, très délié et notoirement dévoué à la République. La situation présente est essentiellement une situation politique; la préfecture de police est essentiellement, à l'heure actuelle, un poste politique; ce n'est donc pas un militaire qu'il fallait appeler à ce poste.

Le Gouvernement ne pouvait se montrer plus mal inspiré.

Progrès de Lyon, du 17 mars 1871.

Paris, 10 mars 1871.

Contre les attaques encore plus ridicules qu'odieuses d'une certaine presse, nous n'avions à opposer que le silence et le mépris; mais, aujourd'hui que ces ignobles calomnies tendent à se perpétuer et que certains bataillons de la garde nationale seraient disposés à supposer que nous voulons garder les pièces d'artillerie qui leur appartiennent, nous croyons nécessaire de rappeler que :

Les canons n'ont été placés sur les buttes Montmartre que pour les soustraire aux Prussiens d'abord, et ensuite pour ne pas les laisser à l'abandon.

Le 61e bataillon, certain d'être, en cela, l'interprète des sentiments de toute la garde nationale du XVIIIe arrondissement, offre de rendre sans exception les canons et les mitrailleuses à leurs véritables possesseurs, sur leur réclamation.

Il émet le vœu que les divers bataillons composant la garde nationale de Paris exercent la pression nécessaire pour qu'on en revienne à l'exécution de la loi de 1832, en ce qui concerne l'artillerie de la garde nationale.

Pour les délégués de la Commision du 61e bataillon :

Versepuy, Aug. Faillet.

Le Salut de Paris, journal des républicains conciliateurs, du 17 mars 1871.

Il faut, à présent, préparer l'avenir en envisageant résolument, pour les résoudre, les questions capitales du moment : la réélection des députés de Paris démissionnaires ; — les dix élections d'option nécessaires parmi les représentants de la Seine ; — la réorganisation de tout le système administratif et économique français ; — la révision du procès du 31 octobre ; — le jugement des auteurs réels de la fusillade du 22 janvier ; — la prorogation des échéances, la diminution des loyers, l'indemnité aux victimes de la guerre, la revision des lois qui régissent le système militaire, etc.

Mais, est-ce trop demander, avant tout, au Gouvernement, que de le supplier de ne pas rester sourd davantage aux réclamations des électeurs de la Commune parisienne, et d'autoriser immédiatement la nomination, au scrutin de liste, d'une Commission municipale, choisie par le suffrage universel ?

Depuis le 4 septembre, Paris attend et exige quotidiennement ces élections.

Veut-on abuser de sa patience, ou veut-on pousser à bout sa longanimité pour la transformer en une revendication violente que l'on qualifiera, alors, d'illégale et qui sera réprimée comme telle ?

Il semble, pourtant, aux esprits impartiaux et judicieux, qu'en la situation qui nous a été faite par le siège, nous avons le plus urgent besoin d'une représentation urbaine, élue librement pour réparer tous les désastres matériels, intellectuels et moraux, déchaînés sur notre cité par MM. Trochu, Jules Favre et *tutti quanti*.

Telle était la pensée de la presse modérée, sur l'état des choses existantes, lorsque, dans la nuit du 17 au 18 mars 1871, le gouvernement de M. Thiers qui n'avait rien négligé pour s'aliéner l'unanimité des électeurs parisiens, se résolut à agir et à recourir à la force; lorsque, dans la matinée du 18 mars 1871, ce gouvernement, par suite du refus des troupes régulières de tirer sur la garde nationale, fut obligé d'évacuer précipitamment Paris et de le laisser à lui-même.

L'avènement des hommes de la Commune ne fut que la conséquence de ce chaos politique. Nous sommes encore à une époque trop voisine de cet avènement, pour affirmer que ces hommes et cette Commune, malgré tout, ont été pour quelque chose dans la conservation de la République en France. Dans tous les cas, nous pensons être dans le vrai en disant que, si la révolution du 18 mars 1871 n'avait pas eu lieu, aujourd'hui, 3 avril 1872, il y aurait beau temps que l'Assemblée versaillaise nous aurait ramené la Monarchie.

Au matin du 18 mars 1871 — jour néfaste, répétons-le, pour la réaction monarchique, Paris, déjà insurgé contre la décapitalisation qu'on voulait lui infliger, s'indigna contre le gouvernement hybride issu du pacte de Bordeaux.

A midi, en voyant les crosses en l'air du 88ᵉ de ligne, Paris acclama les soldats-citoyens et fut heureux du coup d'Etat manqué par Vinoy.

Le soir, Paris demandait s'il devait crier haro sur les meurtriers de Clément Thomas et de Lecomte, ou bien crier holà contre les Trochu, les Ducrot et les Thiers, auteurs directs de cet imbroglio stupéfiant.

Telle est la vérité.

Le 19 mars, à la nouvelle de la fuite aussi précipitée qu'inattendue du gouvernement

— Paris, hébété, effaré de n'avoir plus de maître, plus d'armée régulière, plus de police — Paris, abandonné, s'abandonna à qui voulut de lui.

Le Comité central de la Fédération de la garde nationale s'en empara — comme jadis, après Sedan, les hommes du Quatre-Septembre s'étaient emparés de la France. Toutefois, avec une double différence immense : 1° au 4 septembre, Trochu et ses amis s'emparaient, par violence et en temps de guerre, d'un poste occupé par un gouvernement mauvais, certes, mais régulier; au 18 mars, la garde nationale s'emparait, sans violence et la guerre finie, d'un poste délaissé par un gouvernement mauvais, lui aussi, mais, de plus, irrégulier; 2° après le 4 septembre, Trochu et ses amis s'obstinèrent à s'attribuer le monopole du gouvernement et s'opposèrent aux élections nécessaires; quinze jours après le 18 mars, le Comité central de la Fédération de la garde nationale remit, honnêtement, tous ses pouvoirs aux représentants élus par les vingt arrondissements de Paris.

Emile de Girardin l'a dit nettement : « Les hommes de la Commune furent les logiciens de l'émeute; Trochu, Jules Favre, en furent les parvenus et les parjures. »

Comment donc les ouvriers parisiens furent-ils poussés à supplanter ainsi les avocats et les traîneurs de sabre? Léonce Dupont l'a clairement expliqué :

> Exciter les passions, les irriter, les armer, telle avait été l'œuvre des membres du barreau qui formèrent, de leur propre autorité, le pseudo-gouvernement de la Défense.
>
> A peine les nouveaux maîtres de la France furent-ils installés; à peine, pour sauver les apparences, avaient-ils donné, à leur usurpation, le titre menteur et cruellement ironique sous lequel ils ont fonctionné six mois entiers, que les faubourgs s'aperçurent qu'ils allaient être cruellement déçus.
>
> Pendant vingt ans, ces hommes avaient excité les faubourgs; ils avaient dit formellement qu'aussitôt l'Empire renversé, la classe ouvrière aurait sa part dans le pouvoir, que la condition des travailleurs serait améliorée.
>
> Dans leurs discours publics et privés, n'avaient-ils pas annoncé qu'ils élèveraient le salaire et qu'ils réaliseraient les rêves du prolétariat?
>
> Dans le club de la rue de Lyon, n'avait-on pas

dit qu'on supprimerait le soldat, qu'on supprimerait le prêtre, qu'on supprimerait le juge?

M. Jules Favre n'avait-il pas promis aux gens de la Villette tout ce qu'ils pouvaient rêver?

Les Prussiens avaient à peine imposé la paix, que la populace a vu qu'elle n'aurait rien de ce qu'on lui avait promis, et que la révolution sociale allait être indéfiniment ajournée. Elle s'est mise, alors, à faire une révolution à son profit.

Elle n'a eu qu'à recommencer ce qu'elle avait vu exécuter cinq mois auparavant. Trouver, quelque part, des hommes aussi éminents que M. Jules Favre et M. Glais-Bizoin ne lui semblait pas difficile. Le coup se fit donc, et le soir du 18 mars, comme le soir du 4 septembre, il y eut un gouvernement quelconque à l'Hôtel de Ville[1].

Encore une fois, l'irresponsabilité des prisonniers actuels de Versailles ne peut, un instant, rester en doute pour toute personne qui voudra consciencieusement étudier, approfondir, peser et comparer le caractère et les actions des personnages de ces deux insurrections : la première, ambitieuse ; la seconde, désintéressée ; — l'une, résultat d'un complot d'avocats ; l'autre, œuvre spontanée

---

1. *La Commune et ses auxiliaires*, par Léonce Dupont.

de toute la foule des prolétaires travailleurs.

Cette irresponsabilité des gardes nationaux fédérés, anciens outranciers du premier siège, dont on avait vu la patriotique bravoure à Champigny et à Montretout, on la comprendrait mieux encore, si nous racontions les tristes circonstances à la suite desquelles Bismarck accorda aux pleurs hypocrites de M. Jules Favre le non-désarmement de la garde nationale. Mais il n'est point temps, encore, de faire cette narration.

Il nous paraît, également, trop tôt pour expliquer les origines véritables de l'affaire des canons qui furent mis hors de l'atteinte des Prussiens par le patriotisme diligent des habitants des faubourgs, la veille de l'occupation temporaire du quartier des Champs-Elysées. Et, cependant, là aussi nous trouverions des preuves de l'irresponsabilité des prisonniers dont hier nous étions le compagnon.

Nous les trouverions encore, les preuves de cette irresponsabilité, dans l'histoire approfondie du Comité central dont nous parlions tout à l'heure, et qui se trouva si à propos constitué, dès le début de la crise, par Eudes, Lacord, Assi, Grelier, Chouteau, Blanchet-Pourille, Gouhier, etc.

Nous les trouverions de même, si nous édifiions le public sur les trop grandes hardiesses des trop fameux chevaliers de la butte : Dardelles, Valigranne, Lullier, Gasnier, Raoul de Bisson, Meyer, du 229°, Durassier, ex-planton du lieutenant de vaisseau Berchon des Essarts, Poulizac, plus tard tué dans les rues de Paris, sous un uniforme de chef de bataillon des troupes versaillaises, etc.

Malheureusement, comment dévoiler ces choses sans compromettre plusieurs personnes fort méritantes? Impossible même d'établir l'habileté des braves et honnêtes Varlin, Trinquet, Protot, Vésinier, J.-B. Clément, Grousset, Threillard, Humbert, Cluseret, Dereure, etc., sans manquer de respect au malheur de certains autres.

Il nous sera peut-être possible, un jour, d'éclairer convenablement le dessous des cartes alors en jeu :

1° La comédie jouée par Charles Lullier, devant le Mont-Valérien;

2° La tentative Bonne et Henry de Pène, dite manifestation des Amis de l'Ordre;

3° La tragi-comique proclamation de M. Tirard, maire du II° arrondissement;

4° Les déclarations pacifico-belliqueuses de l'amiral Saisset, sur la place de la Bourse;

5° Les démarches suspectes du général Cremer, tout à la fois auprès des maîtres de l'Hôtel de Ville et auprès du gouvernement versaillais;

6° Les étranges épîtres de Grégory Ganesco et de Mot-Langlois, qu'il ne faut pas confondre avec le bon et brave colonel Langlois, le proudhonien fanatique mais sincère;

7° La conduite, non point apparente mais réelle, de Jourde, aux Finances, et de Beslay, à la Banque;

8° Les affiches versaillaises, démenties par M. Thiers, après l'insuccès;

9° Les concessions, les tripotages, les trahisons de certains hommes des deux partis et les duplicités perfides des agents de toutes les réactions.

Mais, cette irresponsabilité des prisonniers de Versailles sera surabondamment comprise, si nous rappelons l'enthousiasme qui accueillit les élections parisiennes du 26 mars, élections faites de bonne foi, consenties officiellement par les maires, les adjoints et les députés de Paris, qui, presque tous, se portèrent candidats, au vu et au su du Gouvernement, avec l'approbation écrite et publique de M. Thiers.

Le 18 mars, Paris était tombé au pouvoir des Parisiens.

Le 19 mars, Paris était convoqué dans ses comices pour procéder à l'élection de sa municipalité communale.

En même temps, le Comité central faisait connaître, comme suit, les *desiderata* de la garde nationale :

1° Le maintien de la République comme Gouvernement seul possible et indiscutable ;

2° Le droit commun pour Paris, tel que

l'avait établi Louis le Gros, en 1135, c'est-à-dire : un conseil municipal élu et des officiers municipaux élus, maires, consuls, échevins, syndics, etc. ;

3° La suppression de la préfecture de police, que le préfet de police, Kératry, avait réclamée lui-même ;

4° La suppression de l'armée permanente et le droit pour les gardes nationaux, d'être seuls à assurer l'ordre dans Paris ;

5° Le droit de nommer tous les chefs ;

6° Enfin, la réorganisation de la garde nationale sur des bases qui donneraient des garanties au peuple.

Or, cette proclamation renfermait, si manifestement, l'expression exacte des volontés de Paris tout entier, que le vice-amiral Saisset, désespérant de reconquérir la capitale par la force, employait une ruse indigne et affichait l'acceptation de cet ultimatum par l'Assemblée versaillaise.

D'autre part, les délégués des Chambres syndicales, la Ligue républicaine des Droits de Paris, les loges maçonniques, les délégués des grandes villes de la Province, dans toutes leurs tentatives de conciliation, usaient de cet ultimatum comme d'une base parfaite pour leurs discussions.

Bien mieux, les maires et les représentants de Paris se rendaient à Versailles et s'efforçaient d'obtenir que M. Thiers fît droit à cette requête.

Enfin, et voici qui résume bien toute la situation : ces maires et ces représentants, de retour dans la capitale, faisaient procéder officiellement à des élections communales.

Mais l'Assemblée se souciait peu de la nécessité et de l'utilité de satisfaire les revendications de la garde nationale de la Seine et des électeurs de Paris.

Le 20 mars, cette Assemblée refusait, disait-elle, d'aggraver le mal en pactisant avec les coupables.

Le 21 mars, elle repoussait le cri de : « Vive la République ! »

Le 22 mars, elle refusait d'adopter le projet relatif à des élections municipales immédiates, malgré cette déclaration de M. Tirard :

« Si vous voulez adopter notre projet, la tranquillité renaîtra. En trois jours, nous rentrerons dans l'Hôtel de Ville. »

Le même jour, elle refusait de répondre à M. Clémenceau qui disait : « Demain, si nous pouvions déclarer que les élections auront lieu, tout rentrerait dans le calme. »

Ce dont l'Assemblée versaillaise se souciait, ce dont se souciait M. Thiers, ayons le courage de le dire, c'était de pousser les républicains à bout, c'était de les porter définitivement à une révolte ouverte, c'était de leur faire prendre les armes pour la défense de leurs droits violés.

Cléricaux et monarchistes voulaient avoir, une bonne fois, l'occasion d'en finir avec les réclamations des déshérités. Ils voulaient avoir, une bonne fois, un motif impatiemment désiré, pour écraser la philosophie religieuse et politique en écrasant les philosophes. Ils voulaient avoir, une bonne fois, un prétexte d'apparence légale pour ordonner, diriger, accomplir la Saint-Barthélemy du xix° siècle. Ils voulaient la suppression de la propagande républicaine par la suppression des républicains. Ils voulaient l'extinction du paupérisme par le massacre général des pauvres.

Voilà pourquoi Versailles n'autorisa point les élections de Paris.

Voilà pourquoi trois cent mille Parisiens se révoltèrent, et coururent aux urnes.

Voici les quatre proclamations qui précédèrent ce grand événement historique : elles plaident, singulièrement, en faveur de notre thèse de l'irresponsabilité des hommes de la Commune.

Les maires et adjoints de Paris et les représentants de la Seine font savoir à leurs concitoyens que l'Assemblée nationale a, dans sa séance d'hier, voté l'urgence du projet de loi relatif aux élections du Conseil municipal de la Ville de Paris.

Vive la France ! Vive la République !

Les représentants de la Seine :
Louis Blanc, Victor Schœlcher, Edmond Adam, Floquet, Martin-Bernard, Langlois, Edouard Lockroy, Farcy, Henri Brisson, Greppo, Millière, Edgar Quinet.

Les maires et adjoints de Paris :
Ad. Adam, Méline, Tirard, E. Brelay, Chéron, Loiseau-Pinson, Bonvalet, Ch. Murat, Vau-

Train, Loiseau, Calliot, Hérisson, A. Leroy; Arnaud (de l'Ariège), Hortus, Bellaigue, Carnot, Ernest Desmarest, Ferry, André, Nast, Dubail, A. Murat, Degouve-Denuncques, Mottu, Blanchon, Poirier, Tolain, Grivot, Denizot, Dumas, Turillon, Leo Mellet, Combes, Héligon, Jobbé-Duval, Sextius Michel, Henri Martin, Marmottan, Chaudey, Séveste, François Favre, Benoit Malon, Villeneuve, Cacheux, Clémenceau, J.-B. Lafont, Dereure, Jaclard.

Chers concitoyens,

Je m'empresse de porter à votre connaissance que, d'accord avec les députés de la Seine et les maires élus de Paris, nous avons obtenu du Gouvernement de l'Assemblée nationale la reconnaissance complète de vos franchises municipales.

Le vice-amiral,

Saisset.

Le Comité central de la garde nationale, auquel se sont ralliés les députés de Paris, les maires et les adjoints, convaincus que le seul moyen d'éviter la guerre civile, l'effusion du sang à Paris, et, en même temps, d'affermir la République, est de procéder à des élections immédiates, convoquent pour demain, dimanche, tous les citoyens dans les collèges électoraux.

Les habitants de Paris comprendront que, dans les

circonstances actuelles, le patriotisme les oblige à venir tous au vote, afin que les élections aient le caractère sérieux qui, seul, peut assurer la paix dans la cité.

Les bureaux seront ouverts à huit heures du matin et fermés à minuit.

Vive la République !

Les maires et adjoints de Paris :

AD. ADAM, MÉLINE, EMILE BRELAY, LOISON-PINSON, BONVALET, CH. MURAT, VAUTRAIN, DE CHATILLON, LOISEAU, JOURDAN, COLIN, A. LEROY, DESMAREST, E. FERRY, ANDRÉ, NAST, A. MURAT, MOTTU, BLANCHON, POIRIER, TOLAIN, GRIVOT, DENIZOT, DUMAS, TURILLON, COMBES, LÉO MEILLET, JOBBÉ-DUVAL, SEXTIUS MICHEL, CHAUDEY, SÉVESTE, FR. FAVRE, BENOIT MALON, VILLENEUVE, CACHEUX, CLÉMENCEAU, J.-A. LAFONT, DEREURE, JACLARD, DEVAUX, SATORY.

Les représentants de la Seine, présents à Paris :

LOCKROY, FLOQUET, TOLAIN, CLÉMENCEAU, SCHŒLCHER, GREPPO.

Paris, 25 mars 1871.

Citoyens,

Dans Paris, où le pouvoir législatif a refusé de siéger, d'où le pouvoir exécutif est absent, il s'agit de savoir si le conflit qui s'est élevé entre des citoyens également dévoués à la République, doit être vidé par la force matérielle ou par la force morale.

Nous avons conscience d'avoir fait tout ce que nous pouvions pour que la loi ordinaire fût appliquée à la crise exceptionnelle que nous traversons.

Nous avons proposé à l'Assemblée nationale toutes les mesures de conciliation propres à apaiser les esprits et à éviter la guerre civile.

Vos maires élus se sont transportés à Versailles et se sont fait l'écho des réclamations légitimes de ceux qui veulent que Paris ne soit pas, tout à la fois, déchu de sa situation de capitale et privé des droits municipaux qui appartiennent à toutes les communes de la République.

Ni vos maires élus ni vos représentants à l'Assemblée nationale n'ont pu réussir à obtenir une conciliation.

Aujourd'hui, placés entre la guerre civile pour nos concitoyens et une grave responsabilité pour nous mêmes, décidés à tout plutôt que de laisser couler une goutte de ce sang parisien que naguère vous offriez tout entier pour l'honneur et la défense de la France, nous venons vous dire :

Terminons le conflit par le vote, non par les armes.

Votons, puisqu'en votant nous nous donnons le Conseil municipal que nous devrions avoir depuis six mois.

Votons, puisqu'en votant nous investirons du pouvoir municipal les républicains honnêtes et énergiques qui, en sauvegardant l'ordre dans Paris, épargneront à la France le terrible danger des retours offensifs de la Prusse et les tentatives téméraires des prétentions dynastiques.

Nous avons dit hier, à l'Assemblée nationale, que nous prendrions, sous notre responsabilité, toutes les mesures qui pourraient éviter l'effusion du sang.

Nous avons fait notre devoir en vous disant notre pensée.

Vive la France ! Vive la République !

Les représentants de la Seine, présents à Paris :

V. SCHŒLCHER, CH. FLOQUET, EDOUARD LOCKROY, G. CLÉMENCEAU, TOLAIN, GREPPO.

Les maires et adjoints de Paris :

ADOLPHE ADAM, MÉLINE, EMILE BRELAY, LOISEAU-PINSON, BONVALET, CH. MURAT, VAUTRAIN, JOURDAN, LOCKROY, A. LEROY, GREPPO, DESMAREST, ANDRÉ, A. MURAT, MOTTU, POIRIER, TOLAIN, LÉO MEILLET, COMBES, JOBBÉ-DUVAL, SEXTIUS MICHEL, BENOIT MALON, VILLENEUVE, FRANÇOIS FAVRE, CLÉMENCEAU, JACLARD.

Donc, le 26 mars 1871, on vota.

Les électeurs parisiens pouvaient-ils user de ce droit dans des circonstances plus légales et plus opportunes ?

A l'occasion même de ces élections et avant leur accomplissement, l'un des plus intelligents maires de Paris, M. Ernest Desmarest, bâtonnier des avocats, recevait de la main de M. Thiers, une lettre promettant l'amnistie aux électeurs. C'est cette amnistie que nous demandons pour les prisonniers occasionnés par ces élections dont les frais, d'ailleurs, furent payés par le Gouvernement puisque, dans le IX° arrondissement, par exemple, M. Emile Ferry donna un bon de mille francs sur le ministère des Finances.

Les élections faites, les provocateurs ne voulurent pas s'incliner devant le fait accompli sous les auspices et sous les ordres des mandataires réguliers de la capitale.

La solution du conflit, par la force morale, n'entrait pas dans les vues de la majorité rurale.

Versailles voulait davantage : il lui fallait rétablir et faire régner dans Paris, l'ordre de Varsovie.

La proposition de Louis Blanc, tendant à faire déclarer qu'en conjurant la guerre civile, par un appel au suffrage universel, les maires et les représentants de Paris avaient agi en bons citoyens, fut repoussée à la presque unanimité.

Six jours après, le second siège de Paris commença.

Ces élections du 26 mars 1871, pourtant, sont loin d'avoir été un signe de décadence, et nous ne voyons pas où M. Thiers a pu trouver en elles la décrépitude physiologique et psychologique dont il s'est tant indigné alors.

Benoît Malon, Jourde, Theisz, Avrial, Verdure, Varlin, Dereure, J.-B. Clément, etc., représentaient très bien ce qu'ils devaient représenter. On l'a franchement avoué dans un ouvrage fort peu indulgent, cependant, pour les hommes du 18 mars : *la Commune devant la Justice* :

« Ils représentaient les ouvriers, aussi bien qu'en 1830 Laffitte et Casimir Périer représentaient la bourgeoisie, et ceux-ci étaient certainement aussi supérieurs aux ouvriers que les hommes de Juillet étaient supérieurs aux bourgeois. Si le 18 mars avait réussi, il aurait bien fallu s'habituer au règne des cordonniers et des orfèvres, et à ce niveau de supériorité intellectuelle et morale. »

Pourquoi non ?

Après le combat, le travail; après le fusil, l'outil.

Après les sabreurs de l'Empire, après les avocats du Quatre-Septembre, il fallait ouvrir l'accès des fonctions municipales à des ouvriers intelligents ; le 26 mars n'eut pas tort.

L'édifice national avait été détruit par les uns ; les autres auraient contribué à le rebâtir.

Mais les ouvriers ont été mitraillés ; l'édifice est resté en ruines.

Les ouvriers sont bien éloignés, cependant, d'être responsables des malheurs de notre patrie en mai-juin 1871.

Libre d'hier, nous osons dire, que toutes les calamités postérieures au 26 mars, furent indépendantes de la volonté des ouvriers élus ce jour-là.

Et nous accusons formellement de ces désastres les bourgeois nommés, puis démissionnaires : MM. Adam, Barré, de Bouteiller,

Brelay, Chéron, Desmarest, Emile Ferry, Fruneau, Lefèvre, Leroy, Loiseau-Pinson, Marmottan, Méline, Murat, Nast, Richard, Robinet, Tirard et Vautrain.

Sans les démissions de ces hommes, Beslay, Briosne, Goupil, Parent, Ranc et Rogeard seraient eux-mêmes demeurés jusqu'au bout à leur poste; Dupont de Bussac, Bayeux-Dumesnil, Benjamin Gastineau, Gromier, Guérin, Pichio, Portalier, Reclus, André Rousselle, Villaumé et autres républicains conciliateurs, auraient accepté de leur être adjoints lors des élections supplémentaires; le parti modéré aurait compté près de 50 membres, sur 80, dans la Commune; il aurait donc eu la majorité; Arthur Arnould, Courbet, Gérardin, Jourde, Langevin, Lefrançais, Malon, Protot, Theisz, Rastoul, Verdure, Vermorel, réunis autour de Delescluze, Gambon et Pyat, auraient eu facilement raison des exagérations de Raoul Rigault et des blanquistes; Versailles et Paris auraient fini par s'entendre; Darboy et Rossel, Bonjean et Ferré, Chaudey et Millière, et 35 000 autres

Français vivraient encore ou, du moins, n'eussent point été fusillés.

Du reste, les ouvriers élus qui persistèrent dans l'accomplissement de leur mandat — au rebours de ces criminels bourgeois démissionnaires — les ouvriers étaient moins blâmables, à coup sûr, de s'être laissé nommer régulièrement par 300 000 votants, que Trochu, Picard et C¹ᵉ d'avoir fait envahir le Corps législatif.

Ils étaient moins blâmables d'être à l'Hôtel de Ville, par la voie de l'élection, que Trochu, Picard et C¹ᵉ, par la voie de l'escamotage.

Nous avons voulu rappeler ces souvenirs pour que l'irresponsabilité des prisonniers survivants soit plus aisément établie, pour que la justice et la nécessité d'une immédiate amnistie soient mieux démontrées.

Dans une prochaine publication, nous ferons davantage.

Nous retracerons le tableau des tiraillements intérieurs qui survinrent, dans la

Commune, parmi les membres restés fidèles à leurs mandats.

Nous dépeindrons les compétitions de pouvoir entre les élus du 26 mars et certains membres du Comité central, persistant à fonctionner à part.

Nous esquisserons les mésintelligences qui éclatèrent fâcheusement entre les blanquistes, les pyatistes, les internationalistes, les bonapartistes, car il y en avait quelques-uns, et les agents de toutes les réactions.

Nous crayonnerons les luttes de Raoul Rigault contre Delescluze, celles de Tridon contre Lullier, celles de Malon contre Cluseret, de Félix Pyat contre Rossel, de Cambon contre Lacord, de Vésinier contre Rochefort, de Vermesch contre Cournet, du *Vengeur* contre le *Père Duchêne*, enfin, les luttes du *Bon Rouge*, du journal *la Vérité*, contre les persécuteurs de la presse, à Paris, et les ordonnateurs des premières fusillades, à Versailles, fusillades qui eurent ensuite tant d'écho.

Nous dévoilerons les intrigues des agen

Camus, Duthil, de Montaut, Zeigler, Charpentier, Guttin, Veysset, etc., et les motifs réels des retraites politiques des prudents de l'avant-dernière heure.

Nous démasquerons les habiletés rémunérées des traîtres de l'heure dernière.

Enfin, nous montrerons l'affolement universel, le paroxysme suprême du désespoir, lorsque, du 21 au 29 mai, de part et d'autre, vainqueurs et vaincus perdant la tête, on laissa le champ libre aux exaltés fanatiques et sanguinaires des deux partis, Parisiens et Versaillais.

Et, pour conclusion, nous divulguerons toute la lugubre et monstrueuse histoire des répressions de mai-juin dont le *Journal d'un vaincu* ne porte que le faible reflet.

FIN

TABLE

		Pages.
LA COMMUNE.		1
I.	— La Semaine sanglante.	31
II.	— A la Caserne de la Nouvelle France.	41
III.	— De Paris à Versailles.	45
IV.	— Satory.	51
V.	— A la Maison de Correction.	57
VI.	— Les Docks de Satory.	131
VII.	— Maison de Justice.	149
VIII.	— A l'Hôpital militaire.	187
IX.	— L'Orangerie.	205
X.	— Retour à la Maison de Justice et Jugement.	215
XI.	— Après l'Action.	233

Paris. — Typ. Chamerot et Renouard, 19, rue des Saints-Pères. — 26759.

Changement de rapport

CHANGEMENT DE RAPPORT

Rpt 16

au lieu de

Rpt 15

Victor-Havard, Editeur
168, Boulevard Saint-Germain

Adresse Télégraphique
CTOR-HAVARD-PARIS

TÉLÉPHONE

PARIS, le 3 Juin 1892

Monsieur,

Je vous ai fait envoyer 12 exemplaires du "Journal d'un Vaincu" et un ex. sur hollande, comme service personnel; & j'ai fait faire également le service à toutes les personnes figurant sur la liste que vous avez eu l'obligeance de m'envoyer.

Je vous retourne ci-inclus la notice que vous m'avez adressée ce matin, & je la trouve très bien ainsi. & je vous propose seulement de supprimer "l'idée génèrale" si vous n'y voyez pas d'inconvénient.

Je vous remercie tout particulièrement Monsieur, de votre sollicitude pour la publicité de ce nouveau-né que vous avez porté dans vos entrailles, & dont je suis honoré d'avoir été choisi pour parrain.

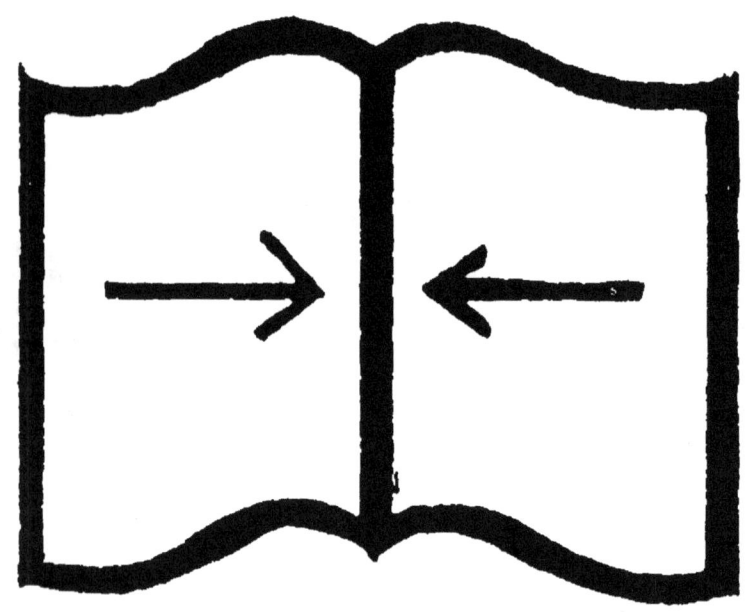

RELIURE SERREE
Absence de marges
intérieures

Je vous aurais déjà écrit [si] je ne serais [pris]
[en rapport] avec vous, déjà n'avais le malheur
de faire partie du Jury de la Cour d'assises, ce
qui absorbe tout mon temps.

La vente marche un peu, mais le gros
ne se dépense pas encore. Je vais faire de mon
côté tous mes efforts.

Veuillez agréer, Monsieur, l'assurance de mes
sentiments distingués.

16. rue de Siam. Mardi soir.
29-3-92.

Cher Ami, je suis en pourparlers avec mon Éditeur, Victor Havard, pour le manuscrit que vous m'avez confié. Demain même je dois le voir à ce sujet. — Mon intention était de le publier en volume, immédiate-ment, en y ajoutant une simple introduction. J'ai été, aujourd'hui même, M. Périvier, au *Figaro*, aussi. Mais rien à faire de ce côté : cette publication me paraît les effrayer. J'aurais souhaité, d'autre part, de publier votre récit dans un journal. Mais à part le *Figaro*, lequel? Et ce journal étant trouvé quel prix offrirait-il?

Toutes ces raisons m'avaient décidé à en faire un volume immédiat.

Votre mot toutefois paraît indiquer

Ou que vous ayez à votre disposition, le journal en question qui vous a fait des offres, ou quelque éditeur vient à vous.

Dans ces conditions, un scrupule me vient : je ne dois pas vous priver du bénéfice d'une publication aussi importante et qui peut fort bien se passer de mon introduction. Mon nom, principalement, ou la conviction du livre comme publicateur, aurait pu entraîner une vente sérieuse.

Ce n'est point assez pour qu'il y ait partage, dès lors que des offres vous sont faites directement. Et je vous rends absolument votre liberté. Je vous remettrai le manuscrit.

Lorsque vous m'avez parlé de notes sur la Commune ou à me communiquer, j'avais cru qu'il ne s'agissait que de chose épars dont j'aurais pu tirer une réaction et que j'aurais mises en ordre. Votre travail au contraire, sauf une mise au point, por le livre ou le journal est complet. Il n'est que juste qu'il vous reste entièrement. Pour moi, je le regrette, pour vous, j'en suis heureux et en vous remerciant encore bien vivement, cher Ami, de votre offre affectueuse, je vous serre les deux mains.

        Pierre de Lany

Veuillez, je vous prie, présenter mon respectueux hommage à Madame Fournier.

Dites-moi donc le nom de l'Éditeur ou du journal qui vous demande la chose. Je pourrai vous remercier plus utilement au fond de ma pratique.

16. rue de Siam.
        31 Mars 92. Soir.

Cher Ami,
Vous êtes bien le brave cœur tout d'une pièce que vos amis ont bien raison d'aimer. C'est entendu et je n'insiste plus. Mais si je vous rendais votre parole, c'était comme je vous l'ai dit, par suite d'un scrupule tout personnel et qui n'avait rien à voir avec vos propres sentiments, avec votre initiation.

J'ai donc vu Huvaud hier. C'est curieux : il va éditer de suite ce volume, le temps de [?] mettre la chose

au point et d'écrire l'introduction curieuse et anecdotique que j'ai en tête.

A ce propos, une question ;
puis-je donner à l'impression
ces feuillets ou faut-il que
je les copie. Il me semble
qu'ils étaient écrits (au
recto seulement) en vue
justement de l'impression.
Un mot à ce sujet.

Voici comment je procède
avec mes Éditeurs : je
n'abandonne jamais la
propriété d'un livre. Je
préfère 50 centimes par
exemple (c'est un des prix
les plus élevés) par volume
tiré — et non par volume

vendre. Il y a une différence notable. Si on me solde le jour des mises en vente des Éditions, je me tiens bien de cette manière de faire.

Ceci est, en effet, en pleine opportunité, pas que d'actualité et j'espère qu'il fera quelque bruit – dans le bon sens, naturellement.

Je vais donc enlever tout ce qui a trait à votre intimité familiale – cela ne regarde pas le public et laisserai le reste intact.

J'en remettrai d'ailleurs un jeu d'épreuves, au fur et à mesure

Vous voyez que si me

perdrai pas de temps. J'aurais, en effet, été expéditif en les sortes de choses et en affaires, généralement.

Quand j'aurai écrit une introduction, je vous demanderai un moment pour vous la lire, ainsi qu'à Madame Fornier. Vos avis, j'aurais, surtout.

Veuillez présenter mes respectueux hommages à Madame Fornier et me croire, cher Ami, votre bien affectueux,

Pierre de Lanux

16 rue de Liège. 6-4-92.

Cher Ami, mon introduction est écrite ; titre : Après l'Atelier_
le lancement à Versailles.

Voulez-vous ~~venir déjeuner~~ que demain jeudi, j'irai vous la lire car je la dirai, avec le manuscrit mis au point, à Harvard Vendredi.

Si oui, pas de réponse et je serai chez vous vers 5ʰ —

Sinon, un mot télégraphique S. V. P.

Mes hommages à Madame Fermi et bien affectueusement à vous,

Pierre de Lanux

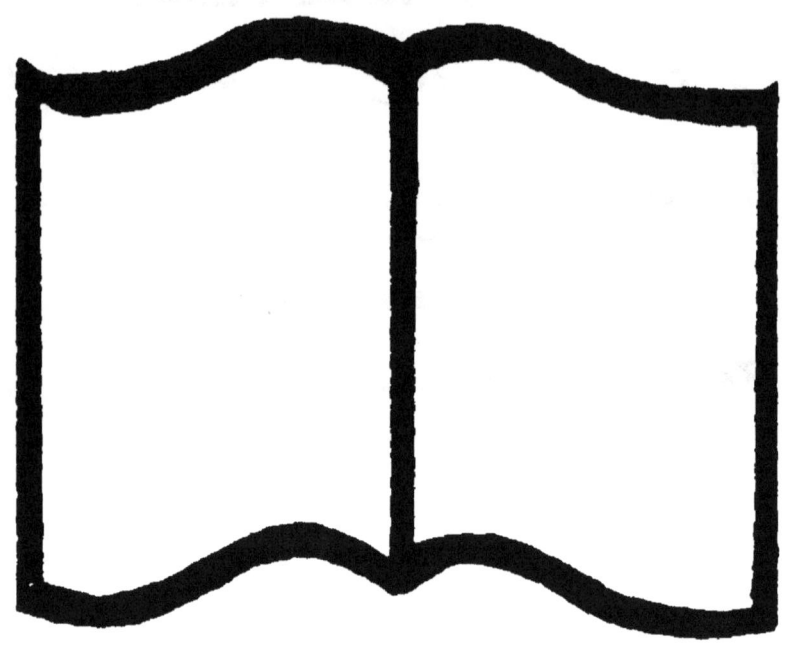

PAGES VIERGES

16, rue de Siam, 10-5-92.

Cher Ami, j'ai reçu vos 2 lettres et l'annonce du *Journal*. Victor-Havard aussi cette dernière. C'est très bien et merci. Je vous donnerai les bonnes feuilles en question à fit qu'elles seront complètes.

Je travaille d'arrache-pied aux derniers épreuves afin de paraître le 17.

Vous verrez le joli volume (typographiquement) que

Cela va faire, et vos me dirz si j'ai du goût pour habiller mes bouquins.

Demandez donc à Havard qu'il vous envoie mes deux livres : L'Impératrice et la Cour. Il sera enchanté de vous être agréable et de cette façon n'augmentera pas mon compte. Je vous les signerai à une prochaine visite.

Soignez-vous bien et tâchez d'oublier un peu, dans l'affection
de ceux qui vous entourent,
le malheur qui vous a frappé
d'aujourd'hui, au 1er, tous
nos vœux pris large part.

Avec mon respectueux hommage
à Madame Janvier, veuillez,
cher Ami, agréer l'expression
de mes meilleurs sentiments,

　　　　　Pierre de Lacy

Hier, j'ai parlé de vous avec
Emile Ollivier....

16, rue de Siam — Dimanche.
15-5-92.

Cher ami, le "Journal d'un
Vaurien" paraît dans cette semaine
et j'vais vous en envoyer, aussitôt
reçues, les bonnes feuilles — aussitôt
complètes.

Puisque vous êtes ami avec M.
Gatali, du XIXᵉ siècle, tâchez donc
qu'il lui fasse une jolie publicité.
Le public de ce journal est très bon
pour une lecture de ce genre.

À propos, du 19ᵉ siècle et de M.
Gatali, ne pourriez-vous me faire
entrer dans ce journal par une
série d'articles comme ceux que j'
donnais au Figaro, ou par des
portraits, comme ceux que j'ai
publiés dans le Gaulois. Et une

serait agréable d'ouvrir une série dans un grand journal républicain de le XIXe siècle qui est très lu, me plairait assez sous ce rapport.

M. Ortabi, son directeur, me connait de nom et m'a lu. Il saura donc à qui il a affaire et quant aux conditions à débattre, je crois que lui et moi, nous nous arrangerons aisément.

L'apparition du Journal d'un Varien, pouvait peut-être mon entrée au 19e siècle. Je m'adresse à vous, sans autres cérémonies, comme étant en relations d'amitié avec le directeur, vous priant, comme bon ami, d'encourir une respon-

hâvité et le dérangement que cela
va vous causer.

Vous remarquerez que j'ai mis en
la couverture comme titre général
La Causerie — ce qui peut permettre
au sein de l'un ou trois volumes,
et que, en notes, de l'intérieur
du livre, j'envoie le lecteur
à de prochains livres pour des
explications particulières.

A bientôt, cher Ami, mille
mercis et à vous bien affectueusement,
                    Pierre de Lacy

Mes plus respectueux hommages
à Madame Jeanin, je vous prie.

16 rue de Siam – 20 mai 92.

Cher Ami,

Le Journal d'un Vaurien est imprimé. Il est délicieusement présenté et voici un fort compliment sur ma façon de mettre debout un livre, j'en suis sûr. On paraît, mardi ou mercredi, et sitôt que j'aurai, en mains, un exemplaire, je vous l'apporterai.

J'ai envie, en attendant, une épreuve pour la publicité. Ne pourrait-on adresser aux membres de l'Union méditerranéenne, une circulaire très courte, dans laquelle on

leur annoncerait ce volume ? Cela ne coûterait peut-être pas
trop cher et rapporterait beaucoup. Qu'en dites-vous ? Votre avis.

En ce qui concerne les reproductions des épreuves que je vous
adresse, ne faites point cependant en entier. Car dans ce cas, il
nous serait dû des droits d'auteur, mais comme extraits
simplement.

Une reproduction en entier porterait tort au volume, aussi,
en ce moment.

Cependant, il faudrait tâcher de trouver des reproductions
dans le premier paragraphe de

Paris en de province et de l'Etranger (mais l'Etranger ne vaut rien si on n'est payé d'avance.)

Communiquez-moi, n'est-ce pas, toute reproduction de la _préface_ ou du _journal_.

Avez-vous reçu ma dernière lettre et pensez-vous qu'il y aura moyen de m'aboucher avec le XIXe Siècle ?

Je suis sur les dents !...

Affectueusement à vous,

Pierre de Lanux

16. rue de Siam.

Mercredi. 25-5-92.

Mon cher Ami,

Je suis accablé de vos lettres ; mais il faut bien que je vous tienne au courant du Journal d'un vaurien, et comme le temps me manque pour aller voir chacun, c'est à la poste que je confie mes communications.

Donc, tranquillisez-vous au sujet des erreurs typographiques. Il y a beau temps que tout est corrigé puisque le volume sera mis en vente vendredi — après-demain. Vos ergo que j'ai fait diligence.

J'ai reçu diverses annonces que vous avez
fait insérer dans plusieurs journaux
d'arrondissement de Paris. Mais je
n'ai rien vu quant à la reproduction
d'extraits de la préface. Si vous en
connaissez, signalez-les moi, je
vous prie.

Quant aux reproductions du Journal,
veillez, n'est-ce pas, à ce qu'elles ne
soient que partielles, afin de ne pas
déflorer le volume. Une reproduction plus étendue me permettrait
de réclamer des droits d'auteur.

Si ce que je vous ai dit au
sujet du XIXe siècle n'est pas
possible, mettons cela à propos
et parts. Mais M. Vitali qui est

cher ami en pourrait-il faire consacrer
une chronique – une vraie chronique –
dans son journal à ce volume ?
J'y verrais surtout la chose, car j'en sais
pas du tout ce que ce livre va
donner. Aura-t-il le succès que nous
espérons ; aura-t-il le sort de celui
de Vérines qui n'a pas eu de
vente ? Telle est la question.
Nous saurons cela dans quelques
jours.
J'écris en ce moment, mon deuxième volume et c'est un point
qui m'échappe encore.
Il suffirait qu'un journal com-
mençât d'en parler pour que les
autres le suivissent. C'est pourquoi
j'ai pensé au XIXe siècle où vous ;

avec des attaches d'amitié.

Je ferai, de mon côté, pour le *Figaro*, ce qui sera nécessaire. Mais vous n'ignorez pas combien un journal est récalcitrant aux colonnes de librairie, même pour ses collaborateurs.

Donc, vendredi... mise en vente et service de presse. Veuillez, j'en prie mon cher Ami, m'adresser aussitôt cette lettre lue, une liste très succincte de personnes à qui vous désirez que le volume soit adressé. Je dis très succincte, car à part le service de presse, l'éditeur ne donne que très peu de volumes à l'auteur. Envoyez-moi la liste pour vendredi matin.

À vous bien cordialement,

Pierre de Lacy

16. rue de Siam. Vendredi soir
27-5-92.

Cher Ami; j'ai vos deux lettres. Le Brocheur nous ayant manqué de parole aujourd'hui, la mise en vente est pour demain samedi; de même que le service de presse et d'ami.

Il m'aurait fallu une liste <u>très brève</u> de personnes à qui vous <u>devriez absolument donner</u> le volume, car si Havard est très généreux pour la presse, il est très dur pour les <u>simples pétitions</u>. Il ne m'en donne que 25 exemplaires et chaque fois, j'en suis deux centaines de francs de livres,

pour contenter mes connaissances.
Je tâcherai, pour eux, d'économiser
sur la presse et de mettre de côté
quelques volumes.

Pour moi, personnellement, M.
Havard met de côté un exemplaire du papier de Hollande
Whatmann, à grandes marges
non ébarbées.

La couverture est ainsi conçue :

La Commune
Journal d'un Vaincu
recueilli et publié
par
Pierre de Lano
——

Quant au verso de cette couverture, elle n'est d'aucune utilité pour vous : il contient la liste des œuvres, connue de La Hittide.

Quant au chiffre du tirage, je vous le dirai de vive-voix et en vous remettant ce que je dois vous remettre.

Il ne faudra pas le dire, le <u>répéter à personne</u>. C'est un secret auquel tient l'Éditeur et auquel je tiens moi-même. <u>Jamais</u> je ne le révèle à qui que ce soit.

M. Havard ne fait jamais un gros tirage du premier coup. Il prend les empreintes du volume et se tenir ainsi prêt à retirer, si le volume a du succès. C'est ainsi qu'il pratique pour un volume de la seconde livraison qui suit des volumes à succès. Je vous le répète, cher ami, je ne sais ce que le présent va donner. Cela dépendra de la presse.

Les fautes que vous m'indiquez ont corrigées. Le volume est absolument joli. Vous allez être surpris agréablement.

Quant aux oublis que vous me signalez, il y a des choses, en effet, que j'ai été obligé d'enlever. L'éditeur n'aurait pas pris le volume. Mais ces choses sont peu importantes.

2 Demain samedi, il m'est impossible, en vue pratique, de vous apporter un volume.

Moi j'en aurai dimanche, à la maison et si ce jour-là, en vous promenant, vous pouviez jusque chez moi, vous l'amèneriez et j'vos en remettrai un exemplaire.

J'attends du monde à déjeuner dimanche ; c'est pourquoi je vous prie de venir ; sans cela j'eusse été sur Choron.

Pour venir chez moi, on prend le tram à la gare St Lazare, (tram d'Auteuil) et l'on descend gare du Trocadéro (avenue Henri Martin). En

Jane c'est la rue de la Tour et
j'ai un a~~droite~~, rue Mignard.
Vos fleurs et vos vos livres
demain le n° 16 de la rue
de Siam. Marquartie est
délicieuse et ce me sera une
occasion de vos présenter à ma
femme qui aura bien du plaisir à vous connaître. Demain,
j'vous enverrai un exemplaire
de la poste — Un mot à ce
sujet (que de lettres !!!)

A bientôt et à vous, cher ami,
affectueusement,
            Pierre de Lacey

16. rue de Siam. –
              Dimanche 29 mai
                          92.

Cher Ami,

J'reçois votre affectueuse lettre et j'vous en remercie de tout mon cœur. J'ai recueilli et publié le Journal d'un Vaurien, avec la passion qu'inspire une belle œuvre, une œuvre vraiment humaine et sociale et j'suis très heureux et très fier, de vos éloges et d'avoir été choisi par vous pour offrir ce volume au public.

En le relisant, je m'aperçois

qu'il a été mis en vente le 28 Mai 92 — c'est à dire, vingt-un ans, jour pour jour, après cette constatation de votre épouvantable martyre dans les caves de la Nouvelle-France.

Hier, bien, à l'heure où nous causions amicalement, où je vous apportai le journal d'un Vaincu, Henrich encor de l'atelier, à cette heure, déjà, c'était pour vous un anniversaire douloureux, l'évocation d'un rêve abominable.

C'est là un motif, cher Ami, pour que, doublement, j'mette

les mains dans les vôtres et
vous dire combien je vous aime
et combien je vous suis dévoué; je
n'oublierai jamais, en effet, l'émotion que ce souvenir a laissé
entre nous.

    À vous, de cœur,

        Pierre de Lamy

Faites-moi, je vous prie, le
très grand joie de venir bientôt
déjeuner à la maison, sans cérémonie; ma femme sera bien
heureuse de vous connaître.

    Je joins ici mes hommages
pour Madame Fournier.

16. rue de Siam. Jeudi. 2 juin.
—

Mon cher Ami, Je réponds à votre lettre un peu nerveuse… trop nerveuse même, alors qu'il s'agit peut être du succès d'un volume qui vous intéresse.

Si M. Havard a reçu votre liste, il a certainement fait adresser aux personnes désignées le g^{al} d'un vaurien. C'est un Éditeur qui écrit fort peu, même à des auteurs, qui n'écrit jamais qu'à des auteurs, et il attend de me voir pour me mettre au courant des choses, sachant

que je vous les transmettrai.
Vous voyez qu'il n'y a pas lieu
à susceptibilité et que vous
pouvez prévenir vos amis
par lettre et par caravane,
comme c'était votre intention.
Scholl a le volume (secouer
de presse). Quant à M. Émile
Ollivier il ne l'a pas encore, c'a
c'est moi qui le lui remettrai
et il faut que j'aie, chez moi,
mes exemplaires. Je suis le
dernier servi. Ce sera fait

aujourd'hui. Mais pourquoi diable vous tourmenter ainsi, être si fiévreux ?

Faisons le possible pour le succès du volume, mais ne nous enfièvrons pas. J'ai vous l'ai dit et le répète : je ne sais ce que donnera la vente : un succès ou un insuccès. Ma visite chez les libraires qui me connaissent me laisse même assez perplexe là-dessus. — C'est pourquoi un coup de pouce en trait fort inutile. Donnez-le et ne soyez plus à l'étiquette avec un Solitère qui est de très naturelle bonne foi, dans son silence et qui a certainement fait ce que vous désiriez.

À bientôt, et à vous, mon cher Ami, très cordialement,

Pierre de Lacroix

16 rue de Siam — Jeudi — 9-6-9

Cher Ami,

Havard m'ayant dit qu'il vous a retourné votre circulaire avec corrections, je n'ai donc eu rien à faire qu'à approuver. L'avez-vous lancée à vos amis ?

Il y a eu un article dans le Paris et un dans le Voltaire ; puis une reproduction dans l'Indépendance dans Alger. En outre, quelques insertions de la réclame d'éditeur. Le courrier de la Presse me tient fidèlement au courant de ce qui se produit.

Que disent vos amis de la publication de ce livre ? Havard leur a fait le service indiqué par vous et vos amis reçu entre Hollande aux plusieurs exemplaires.

Le Figaro me paraît réfractaire a un écho. Je m'y attendais et lui en voudrai cela. Havard y fera insérer une note, je crois.

Samedi, c'est le dîner des 1. Very. y. Je compte vous y remettre ce qui est convenu. Mais j'crois que la lecture d'un passage du Journal d'un vaurien, sera impossible aux L. C'est là une œuvre politique et vous savez que le règlement est féroce sur ce point. Il y en a, parmi eux, qui ne partagent pas nos idées, ne l'oubliez pas.

J'ai annoncé une série de plusieurs volumes, en contactant conduit du Journal. En effet, une revue de sérieux par la série et un volume qui n'a eu qu'un relatif succès, voit sa vente remonter lorsqu'il est suivi d'un autre. Je suis bien placé pour parler de cela avec expérience.

Je crois donc qu'il ne faudrait pas trop attendre pour donner un peu au journal. Mais cette fois, il faudrait quelque chose de violent presque, comme l'histoire anecdotique de la commune.

Nous recauserons de cela.

A samedi, donc, et à vous bien affectueusement,

Pierre de Lano

Dimanche - 16. rue de Siam. 72-6-9

Mon cher Ami,

J'ai réfléchi à ce que vous m'avez dit au sujet de la <u>Circulaire</u>. Je crois que vous la devez simplement inscrire dans votre publication de l'<u>Union méditerranéenne</u>. Mais puisqu'elle doit vous coûter de l'argent, c'est autre chose. J'ai pour principe <u>absolu</u>, étant donné la publicité acquise par mon nom, de ne jamais dépenser un <u>sou</u> pour la réclame de mes ouvrages. Cela regarde mon Éditeur qui fait ce qu'il croit devoir faire.

Dans les conditions actuelles, je ne

sortirai pas de la règle que je me suis
tracée et vous n'avez qu'à m'imiter,
car il ne serait pas juste, en effet,
que vous fissiez des frais qui ne
seraient pas équitablement partagés.
Voilà donc une question liquidée.
Tâchons d'obtenir le plus d'articles
possibles, ce sera le mieux et dans
l'ordre habituel des choses.

À ce jour, il y a <u>30 journaux</u>
(<u>pas un de plus</u>) qui ont parlé du
journal d'un amateur. <u>Le courrier
de la Presse, 19, b^{ard} Montmartre</u>
me renseigne exactement à ce sujet
et je tiens la liste de ses communications.
Sur ces 30 journaux, il y en <u>sept</u>

qui ont inséré des articles. Les autres n'ont fait que reproduire votre note et celle de mon éditeur — ce que nous nommons, en librairie, la réclame. Ou bien ils se sont contentés de publier une annonce de 2 ou 3 lignes.

Je note avec soin chaque journal qui parle du livre, car j'ai l'intention de n'envoyer désormais mes ouvrages qu'à ceux qui auront publié des articles. Je commencerai ce procédé lors de l'apparition de l'Empereur, en octobre prochain et ne donnerai un volume qu'aux journalistes qui m'assureront d'une chronique. Ce sera à prendre ou à laisser. Je tiens aucunement à quelques lignes d'insertion, car elles ne font pas vendre un ouvra-

plaisir de plus. Mon 9ᵉ volume, en Mai, me procure, hélas, cette fâcheuse expérience.

Je vous serai reconnaissant de m'adresser sur une feuille de papier, la liste des journaux qui vous ont été communiqués et qui ont parlé du volume, en mentionnant en regard de chaque nom de journal, si c'est un article ou les notes émanant de vous et de M. Havard. J'en contrôlerai avec ma liste et serai ainsi mieux fixé.

Mille mercis, à l'avance, et en attendant le plaisir prochain d'aller vous voir, comme je vous l'ai dit et pour ce que je vous ai dit, affectueux prière de merci,

Pierre de Lacy

Cher Ami,

Aujourd'hui, au moment où j'allais me rendre chez M. Havard, pour passer à la caisse, j'ai reçu de lui un télégramme me priant de remettre ma visite. Je le verrai demain et prendrai jour. J'avoue que ce contre-temps me contrarie, pour deux raisons d'abord, et ensuite parce que je voulais m'absenter pendant deux ou trois journées, me voilà retenu ici.

Hier, je vous écrivais que je ne dépenserai jamais un sou pour mes livres. En effet, un auteur qui commence à faire des frais pour ses volumes est perdu aux yeux des Éditeurs. Et comme il n'est point possible de tenir société en choses-là, le mieux est de ne point en user.

Je reçois la liste des découpures que vous avez reçues. Elles m'avaient été envoyées également. Cependant vos envois sont plus complets et l'agence Gallois me fait un service mieux renseigné. Deux journaux, pourtant, manquaient à ma collection : le _Genevois_ et la _Gazette des Étrangers_. Je les marque sur ma liste. La _Gazette des Étrangers_ s'est servie de ma préface pour son article, sans me citer. Je ne lui en veux pas en raison de l'intention.

Je vous retourne, ci-inclus, les découpures qui vous appartiennent. Je garde _la Gazette_ dans la crainte qu'elle ne se perde et vous la remettrai à notre prochaine rencontre.

Comment allez-vous ? Êtes-vous un peu mieux rétabli ? J'ai hâte de vous serrer la main ; mais les affaires, hélas, me tiennent sans cesse et m'empêchent de faire ce que je voudrais.

Et puis c'est pour moi, l'heure du rocher légendaire : un livre à peine achevé, et me faut en

reçevoir un autre. Je travaille donc, maintenant, à l'_Empereur_ qui aura, je crois, quelque retentissement.
Je suis étonné que le _19e siècle_ n'ait rien dit encore du _journal_ d'un Vanier. Pas même une annonce ! pas même l'insertion de la note ! Ils sont si aimables avec moi, habituellement, au 19e siècle et je ne comprends pas ce silence. Ils reproduisent, avec empressement, dès que je les en prie, mes articles sur le Second Empire et j'aurais pensé qu'ils eussent accueilli le présent volume avec plus de cordialité. — Attendons encore ; il n'y a pas de temps perdu, d'ailleurs.
Quant au _Figaro_, vous savez ce que je vous ai dit : ils ne feront _rien_, à moins qu'on ne les paie. L'inimitié est même entre ce journal et moi et naturellement, pécuniairement, je ne suis pas le plus fort. Mais je m'amuserai de

cela et j'en annoncerai la publication dans un livre qui ne se fera pas trop attendre. C'est égal, ce ne sont point de faits de ce genre qui inspirent de l'estime pour une certaine presse. Ah, si j'racontais tout ce que j'sais. De notre temps (j'parle de nos jours de bataille) sous l'Empire on ne connaissait pas ces vilenies. Aujourd'hui, c'est monnaie courante. Mon pauvre ami, comme vous deviez écœuré si vous vous mêliez davantage au journalisme moderne !

À bientôt. Veuillez présenter mon respectueux hommage à Madame Geffroi et me croire, cher ami, votre bien dévoué,

Pierre de Lacey

16, rue de Siam — Vendredi soir 17-6-?

Mon bon Ami, j'reçois votre lettre et y réponds ni, contrairement à mon intention d'aller causer un peu avec vous demain Samedi, j'en suis empêché.

J'ai vu aujourd'hui mon éditeur et il m'a donné rendez-vous pour Lundi, au sujet du règlement.

Je comprends que ces retards et ces remises successives vous étonnent ; mais je n'en suis aucunement surpris, mon éditeur agissant ainsi, avec moi, pour chacun de mes livres. Ainsi, le Cœur ne m'a été soldée qu'en Janvier et elle avait paru en décembre. Havard est un absolu honnête homme en qui on peut et on doit avoir toute confiance. Mais nous sommes camarades et il ne se gêne pas trop avec moi pour les échéances. Il faut dire, d'ailleurs, que je ne l'ai jamais tourmenté et que j'ai toujours me été de dates.

de paiement, malgré une traité qui
mentionne que je dois être réglé le
jour de la mise en vente. Mais si l'on
s'en tenait, entre auteur et éditeur, aux
termes stricts d'un traité, il n'y aurait
pas de relations amicales possibles.

Donc lundi je dois toucher et vous
apporterai immédiatement les 300 f.
que je vous dois.

Je ne toucherai pas cette somme en
volumes comme vous me l'dites, parce
que donnant le reste, je ne veux pas
qu'il soit dit qu'on me paie en
volumes. Et la chose serait écrite.

2°, ayant reçu ces 300 f. vous pouvez
bien racheter des exemplaires, vous
deux libre. Mais, entre nous, je ne
vous conseille pas cette opération qui
porte nécessairement tort à un
volume et que l'éditeur ne voit
jamais d'un bon œil, attendu
qu'il vend des volumes plus chers
aux libraires qu'aux auteurs.
C'est donc une perte pour lui.

Et puis cela n'avance pas les tirages
d'un ouvrage, un éditeur n'volumant

nouveaux tirages que si les libraires lui demandent des volumes. Or, en ce moment, ils sont poussés par le Journal d'un Vaurien, et Havard ne guidera seulement sur de nouvelles demandes.

Pardonnez-moi toutes ces explications de métier — de cuisine littéraire — mais il faut bien que je vous mette au courant de la marche du "Journal".

J'ai passé chez Marpon, chez Savine, chez Dentu et me suis informé de la vente. Ces trois grands libraires m'ont répondu que cela va doucement, "que le moment est dur etc..." On écoulera cependant le tirage; mais je compte surtout vendre du "Journal" au mois de septembre, quand je fer-ai "L'Empereur". Ceci fera partir cela. Les demandes sont nombreuses (au moins six éditions assurées) pour ce dernier volume.

Il est évident (on je me trompe fort) que ceux qui achèteront celui-ci prendront aussi le "Journal". C'est ce qui arrive pour tous mes livres lorsque je fais paraître un nouvel ouvrage.

Maintenant, autre chose qui vous intéresse. J'ai reçu d'un confrère, M. Anatole Cerfberr, une lettre par laquelle il m'informe que étant l'exécuteur testamentaire des œuvres posthumes de Félix Pyat, il possède de Pyat, une Histoire de la Commune. Connaissiez-vous ce détail ? M. Cerfberr me paraît disposé à publier ce travail. Si la chose vous intéresse, comme je le crois, nous en reparlerons.

La France est mutilée aimable, grâce la-ce-nique, par le "Journal". Avez-vous reçu le dimanche ?

Donc, à demain si possible et dans tous les cas, à bientôt. Ne soyez nullement inquiet, d'ailleurs, je vous le répète et ne voyez dans ces renvois de M. H... aucune mauvaise volonté ; c'est son habitude au moins qui ai de gros intérêts avec lui, je vous l'assure.

Agréez, cher Ami, mes plus affectueux sentiments,

Pierre de Lano

Le comité des L se réunit le 21 (mardi) à 6h au café Riche.

16, rue de Siam.   Reçu le 28 juin 1892
                                   H. Grosmier

Cher Ami,

Je reçois votre lettre. — Je suis allé chez
mon éditeur jeudi et hier samedi
pour le règlement. Il m'a prié d'attendre au 30 de ce mois. Le 30, donc,
à onze heures du matin, je serai chez lui
et aussitôt les fonds en poche, je vous
enverrai votre part. Comme tous les
libraires, en ce moment, M. H... fait
peu d'affaires et se trouve gêné.
Il ne s'en cache pas. De là son
retard — retard qui ne me surprend
pas, je le répète, puisque pour mon
livre de vers, le règlement n'a eu
lieu qu'un mois après la mise en
vente. Il faut qu'un auteur ait
de la patience, sans quoi il se
fermerait la porte de tous les
éditeurs.

  Mais ces retards me contrarient fort,
à cause de vous, d'abord, car j'ai
hâte de régler cette affaire, et ensuite à cause d'une petite absence

que j'avais projeté et que je trouve ainsi remise, que je ne ferai peut être plus, devant terminer mon livre prochain « l'Empereur. » – J'en suis très ennuyé. Mais n'ayez aucune crainte, je vous le redis : M. H... est gêné, mais il est sûr et je voudrai bien qu'il ne dût dix mille francs.

Passons à autre chose :

Je ne sais, mon bon ami, si vous avez vu que la 4ᵉ édition va être épuisée et qu'un nouveau tirage va avoir lieu. Hélas, je le voudrais, mais les choses ne vont pas là ; c'est un devoir pour moi de vous en informer.

On a mis en circulation : de la 2ᵉ, de la 3ᵉ et de la 4ᵉ édition, un certain nombre de volumes, mais aucune de ces éditions n'est épuisée et la 4ᵉ moins que les autres.

Voici comment les éditeurs procèdent. Les libraires de détail demandent un nombre déterminé d'exemplaires

que l'éditeur leur envoi, en dépôt,
(le chemin de fer (Hachette) de même)
les libraires n'achètent pas ferme;
l'éditeur attend qu'ils vendent leurs
dépôts et ne lui envoient de nouveaux
volumes que sur nouvelles demandes.

Mon Editeur ne tirera donc pas
avant d'être sûr de son écoulement,
et, il y a trop de volumes encore, pas
assez de demandes, pour qu'il fasse
un nouveau tirage immédiat.
Lorsque ce tirage aura lieu, il sera
de 300 ou de 500 selon l'importance de la vente probable, je ne
puis le dire, ne sachant ce détail
qu'au moment même où il se
produit.

Donc, pour un nouveau tirage il
faut attendre et savoir s'il y aura
des *retours* (exemplaires renvoyés par
les libraires et non vendus) ainsi
que le nombre de ces retours.

Vous comprenez que M. H... ne
demande pas mieux que de *tirer*.

Seulement, je comprends qu'il ne tire qu'à cinq cents, puisqu'il y va de son argent.

Quant à un _succès_, j'ignore si le volume sera un _succès_. Ce que je puis vous affirmer, c'est qu'en ce moment ce n'en est pas un. Je le regrette, mais c'est ainsi et voudrais bien, autant pour moi que pour vous, changer les choses. Renseignez-vous auprès des libraires et vous verrez. Si vous le voulez, nous irons les voir ensemble et vous les entendrez. C'est encore un devoir, pour moi, que de ne pas vous laisser ignorer ce détail. Le _Journal_ est un succès _moral_ sans doute, un succès littéraire, mais non un succès _de vente_. Il y a un mois à peu près qu'il a été mis en vente et ma censure bien est faite : il ne partira réellement si fort que lors de la publication d'un de mes nouveaux livres, si ce livre lui-même est un succès. Je compte sur l'_Empereur_ pour cela.

Consultez les libraires : il ne faut pas être étonné de cela. Jamais, disent-ils, ils n'ont fait moins d'affaires qu'en ce moment.

Vous avez reçu 5 ou 12 découpures. Quelle agence donc vous renseigne ? Havard est servi par l'Argus, moi par le Courrier de la Presse, et en contrôlant nos envois de journaux, nous avons été à peu près d'accord. Vous-même êtes servi par l'Argus, je crois. Il y a peut-être 70 à 80 découpures à cette heure et si en connais pas davantage, je j'amais à ce sujet au Courrier. Il est vrai que, à mes yeux, les simples notes ou réclames d'éditeurs, inscrites sous forme bibliographique, ne comptent pas. J'en ai l'expérience : elles ne font pas vendre un volume de plus.

Nous avions parlé, en effet, de donner un prix ou des prix au Journal d'un Vaincu et j'avais mis, dans le volume, une ou deux notes, à ce sujet. Mais il va sans dire que vous êtes libre, absolument, sous ce rapport, de donner suite à ce projet, avec mon aide, ou de ne pas lui donner suite. Si le Journal avait été un succès, je vous eusse peut être rappelé notre conversation ; mai, dans l'état actuel, j'ne saurai agir ainsi.

D'ailleurs, en ce moment, j'ne publierai rien avant d'avoir mis au jour l'Empereur et, entre nous, j'crois que les livres sur la Commune n'ont que peu de chances, décidément, de prendre le public. Les évènements de la Commune trouvent le public réfractaire. Pourquoi ? C'est un phénomène que j'ne cherche pas à expliquer.

Vous voyez, cher ami, que ne vous ayant jamais demandé de me « tout dire » j'ne puis être surpris que vous ne me "disiez pas tout." Cela doit pour vous enlever toute sorte de crainte de me blesser, et pour lui marquer que vous avez toute votre liberté morale vis à vis de moi.

J'aurai bien vivement désiré que le « Vaincu » fît un grand

succès. Mais si, matériellement, les choses, telles qu'elles se présentent me laissent un repos, je serai très heureuse d'avoir attaché mon nom à ce livre, très honoré de la confiance que vous m'avez témoignée en me communiquant vos notes et fier de la sympathie que cette circonstance a fait naître entre nous.

Habitué depuis que j'écris à des déceptions et à des victoires, à compter sur un volume, par exemple, et à ne pas lui voir atteindre la vente que j'espérais, à considérer d'autre part, un volume philosophiquement et à le voir s'enlever chez les libraires, j'enturerai ma route et mon labeur. Après l'Empereur, ce sera la <u>Société Parisienne sous le Second Empire</u>, puis, autre chose, et ainsi de suite.

Je n'aurai pas toujours la

bonne fortune de rencontrer un ami, comme vous, entre un papier et une plume. C'est pourquoi, malgré son insuccès de librairie, le <u>Journal d'un Vaurien</u>, un reste cher entre tous mes ouvrages.

À vous, mon cher Ami, bien cordialement,

Pierre de Lamy

Paris, le 30 juin 92.

16, rue de Siam.

Mon cher Ami,

Ci-joint, en billets de banque, la somme de trois cents francs en question. — Vous voyez que j'avais raison de vous dire que je pouvais compter sur mon Éditeur. J'aurais bien souhaité de vous porter cela. Mais je suis tellement pris que je m'empresse, afin de ne pas vous retarder, de vous envoyer cette lettre chargée.

M. Cerfberr a offert à M. Havard et Lalitte les notes qu'il vient de faire

Pyat (Histoire de la Commune), mais M. Havard a refusé, car il ne veut plus rien éditer sur la Commune.

Avez-vous lu l'article méchant du supplément de l'Univers, sur le « Journal d'un Vaincu. » C'est tout à fait de mauvaise foi.

A vous, bien cordialement,

Pierre de Lano

Union Méditerranéenne
20, Rue Choron. PARIS

1er juillet 1892.

www.ingramcontent.com/pod-product-compliance
Lightning Source LLC
Chambersburg PA
CBHW070850170426
43202CB00012B/2015